OBERST a.D. Wolfgang Zebrowski

NACHTS ÜBER DEN WOLKEN

Ein Fliegerleben, wie es wirklich war

OBERST a.D.
WOLFGANG ZEBROWSKI

NACHTS ÜBER DEN WOLKEN

Ein Fliegerleben, wie es wirklich war

KURT VOWINCKEL-VERLAG
BERG AM SEE

Schutzumschlag: H. O. Pollähne
Bilder: Archiv des Autors

ISBN 3 921 655 625

1989

Satz: Vowinckel-Verlag
Druck und Bindung: Ebner Ulm

Inhalt

ERINNERUNGEN AN DEN 2. WELTKRIEG

Einleitung

Am 19. Januar 1924 geboren, in Berlin und Troisdorf aufgewachsen, meldete ich mich 1941 als Kriegsfreiwilliger und Offizieranwärter zur Luftwaffe.

Nach dreimonatiger Rekrutenausbildung in Rochefort sur mer begann ich am 1. Oktober 1942 mit der fliegerischen Grundausbildung an der Luftkriegsschule 7 in Wien-Langenlebarn. Sie endete am 30. Juni 1943. Anschließend folgten 3 Monate Ausbildung an der Kampffliegerschule in Zeltweg / Steiermark und 4 Monate Blindflugausbildung in Wesendorf / Lüneburger Heide. Am 1. Februar 1944 erfolgte die Versetzung zum Frontverband, dem 1./ Schnellkampfgeschwader 10 (Nacht) in Frankreich. Nach Einweisung und Umschulung auf das zum Schnellkampfflugzeug umgerüstete Einsatzmuster Focke-Wulf 190 flog ich bis Kriegsende 144 Fronteinsätze gegen England und an der Invasionsfront. Bei einer Verlustrate von nahezu 300 % Toten in dieser Zeit retteten Fallschirmabsprünge und Bruchlandungen immer wieder mein Leben. Als einer der wenigen Piloten unserer Gruppe überlebte ich den Krieg.

Nach fast 50 Jahren habe ich zwar Abstand gewonnen von dieser Zeit, vergessen werde ich sie aber nie.

Bis zu meiner Pensionierung 1983 war ich Oberst und Kommandeur eines Heeresfliegerregiments der Bundeswehr und Einsatzpilot. Ich weiß nicht nur mein eigenes Leben in dieser Welt zu schätzen, sondern auch das anderer Menschen, vor allem, für die ich Verantwortung trage. Ich danke täglich, heute in einem Staat und einer demokratischen Völkerfamilie leben zu dürfen, die für die Erhaltung des Friedens alles tun, um ihren Bürgern zu ermöglichen, ihr Leben und ihre Persönlichkeit in Frieden und Freiheit zu gestalten.

Wir dürfen nie vergessen, was sich von 1933 - 1945 ereignet hat, um zu begreifen, was wir heute haben. Die Jugend der Welt darf nie wieder zu Aggressionen und Untaten erzogen und manipuliert werden wie damals. Das ist die Verantwortung und Verpflichtung, die wir aus der Erfahrung der Vergangenheit gelernt haben und den Toten des 2. Weltkrieges und den Lebenden der Gegenwart schuldig sind.

Ich habe die Erinnerungen an das Fliegerleben im Krieg, so wie ich damals als Zwanzigjähriger dachte und handelte, für die Piloten meines Regiments aufgeschrieben, weil auch das ein Stück deutscher Fliegergeschichte ist und nicht in Vergessenheit geraten soll.

Meinen fliegerischen Erlebnissen habe ich bewußt im ersten Teil meiner Aufzeichnungen die Zeit der militärischen Ausbildung als Rekrut und auf der Luftkriegsschule vorangestellt. Aus meiner heutigen Sicht ist sie mit der Kriegsfliegerei untrennbar verbunden. In dieser Vorstufe militärischer Erziehung wurden wir physisch und psychisch gezielt auf das vorbereitet, was man von uns im Einsatz als charakterfesten Einzelkämpfern erwartete, denn nur den wirft nichts mehr um, der mit aller Härte geformt worden ist. Dieser teilweise bis an die Grenzen des Zumutbaren gehenden harten Ausbildung habe ich nicht zuletzt mein Überleben an der Front zu verdanken.

Kriegsfreiwilliger

Es ist Frühjahr 1941, eineinhalb Jahre nach Kriegsausbruch, die Feldzüge in Polen und Frankreich sind schon Vergangenheit, die Begeisterung über die Erfolge der deutschen Truppen und die Siegeszuversicht sind auf dem Höhepunkt. Täglich meldet der Wehrmachtsbericht neue Heldentaten deutscher Soldaten. Die Ereignisse ziehen jeden in ihren Bann. Es ist besonders die Jugend, in der ein Gefühl des Stolzes geweckt werden soll und wird. Dazu gehöre auch ich, zu einer Generation, die zielbewußt geprägt und erzogen wurde zu Vaterlandsliebe, dem Führer und Volk zu dienen und notfalls das eigene Leben der Sache zu opfern. Viele meiner Freunde sind bereits eingezogen. Ich muß noch die Schulbank drücken. Entsetzlich! Neidvoll blicke ich auf das Glück der Privilegierten, die es geschafft haben, noch rechtzeitig dabeizusein, bevor der Endsieg gefeiert wird.

Es sind schon zwei Monate her, daß ich als Kriegsfreiwilliger gemustert wurde. Mein Traumziel war es, in der Luftwaffe aktiver Offizier und Pilot zu werden. Es dauerte bis Juli, als mir endlich eine Vorladung zur Eignungsprüfung für Offizieranwärter und zur Fliegertauglichkeitsuntersuchung von der Freiwilligenannahmestelle Hannover zugestellt wurde. Drei Tage waren hierfür angesetzt. Mit einer Dienstreisebescheinigung und einer Wehrmachtsfahrkarte machte ich mich auf den Weg. Bis zum späten Abend des Anreisetages trudelten insgesamt 12 Mann ein, alle Unterprimaner, die sich der Überprüfung stellen wollten. Bei einem Glas Bier in der Kantine machten wir uns näher bekannt. Die Nacht verbrachten wir auf 6-Mann-Stuben.

Nach einem kräftigen Frühstück am nächsten Morgen wurden wir von einem Offizier der Annahmestelle begrüßt und in den Ablauf der Prüfung eingewiesen. Es begann mit einem sportlichen Leistungstest, vorwiegend Mut- und Härteübungen, und ging dann über in die eigentliche Eignungsprüfung für Offizieranwärter, die sich bis zum Abend des zweiten Tages hinzog. Gefordert wurden Kommandosprache und Befehlsgebung, Gelände- und Lagebeurteilungen mit Entschlüssen, so wie wir es in der Hitler-Jugend gelernt hatten, Kurzvorträge nach zehnminütiger Vorbereitungszeit, schriftliche Arbeiten in Mathematik, Physik, Geschichte, Überprüfung des Allgemeinwissens sowie ein deutscher Aufsatz. Vorsitzender der Prüfungskommission war ein Oberst, der sich abschließend in einem Gespräch unter vier Augen noch ein Persönlichkeitsbild des Bewerbers machte.

Der dritte Tag war für die Fliegertauglichkeitsuntersuchung vorgesehen. Die Spannung wächst bei jedem von uns unerträglich, als wir einzeln zur Eröffnung des Prüfungsergebnisses in ein Besprechungszimmer befohlen wurden. Das Urteil über mich lautete: "Zum Offizieranwärter geeignet und zugelassen, über die Fliegertauglichkeit kann erst nach einer Nasenoperation entschieden werden." Nein, das durfte nicht wahr sein! Für mich bedeutete das eine Verzögerung des Einberufstermins um mindestens sechs Monate, und was noch viel schlimmer war, ich mußte bis zum Abitur noch die Schulbank drücken. Schon lange war ich mit meinen Gedanken nicht mehr in der Schule und meine Leistungen waren entsprechend. Ich fühlte mich wie ein Nachsitzer, ein Drückeberger.

Einberufung

Nach bestandenem Abitur und gut verlaufener Operation Anfang 1942 war es dann endlich soweit. Zum 1.7.1942 wurde mir der Einberufungsbescheid zugestellt. Ich hatte mich in Oschatz in Sachsen beim dortigen Fliegerausbildungsregiment zu melden. Am Bahnhofsvorplatz von Oschatz wurden alle ankommenden Soldatenanwärter über einen Lautsprecher ausgerufen und zu einer Sammelstelle befohlen. Ein Unteroffizier ließ uns antreten. Unsere Koffer und Kartons schleppend, machten wir uns auf den Weg zur Kaserne. Der Marsch endete nach 5 km vor einem großen Unterkunftsblock. Es empfing uns ein emsiges Treiben und Getümmel von uniformierten Gestalten, die sich gerade mit Revierreinigen, einer damals zu den Schwerpunkten zählenden Tätigkeit militärischer Ausbildung, beschäftigten. Wir wurden auf den Dachboden des Baus eingewiesen. Als wir uns anschickten, das Gebäude und die sauber geputzten Treppen zu betreten, brüllte uns ein Obergefreiter an: "Ihr verdammten Dreckschweine" und scheuchte uns ins Gelände. Unter den Kommandos "Hinlegen - auf marsch marsch" bekamen wir die erste unliebsame Berührung mit unserem neuen Leben zu spüren. Zu 30 Mann hockten wir endlich, ziemlich eingeschüchtert, auf dem Dachboden in einer großen Stube. Es war heiß, die Luft war verbraucht und muffig. Jeder hatte ein Holzbett zur Verfügung, es fehlte an jeder Bequemlichkeit, kein Tisch und kein Stuhl. Wir wurden registriert, empfingen etwas zu essen und bekamen den Befehl, uns am nächsten Morgen zur Einkleidung im Block 17 der Kaserne zu melden. Nach einer unruhigen Nacht in unbekannter Umgebung, einem Frühstück, bestehend aus den Resten der übriggebliebenen Verpflegung vom Vorabend und einem heißen, frischen Kaffee aus der Küche, machten wir uns auf den Weg zur Kleiderkammer. Die Prozedur der Einkleidung dauerte bis zum Mittag. Man merkte, Ordnung, Organisation und Disziplin erforderten ihre Zeit. Ein Feldwebel führte dort Regie, zwei Soldaten assistierten ihm. Jeder von uns erhielt aus bereitgestellten Wäschestapeln je nach Körpergröße die Einzelteile zugeworfen und schichtete sie vor sich auf. Es wurde befohlen, daß alles paßt, und wenn nicht, untereinander zu tauschen sei. Nur in Ausnahmefällen konnte vom Umtauschrecht bei der Kleiderkammer Gebrauch gemacht werden. Probleme gab es eigentlich nur bei den Knobelbechern, den Jacken und Hosen. Am Abend hatte endlich jeder, was er brauchte und was auch einigermaßen der Größe entsprach. Die Zivilsachen wurden in die mitgebrachten Koffer und Kartons verpackt, die Gepäckstücke verschnürt und mit der Heimatanschrift versehen zur Verschickung in Reih und Glied aufgestellt. Man fühlte sich uniformiert langsam als Soldat, wenn man auch noch unsicher und vor unliebsamen Überraschungen nie sicher war. Am nächsten Morgen mußten wir antreten zur Ausgabe der Parole und Belehrungen. Die erste Überraschung ließ nicht lange auf sich warten, als es hieß: Zur Rekrutenausbildung wird an die Atlantikküste nach Rochefort sur mer in Frankreich verlegt. Eine Nachricht, die fast bei allen mit Freude aufgenommen wurde. Eine mehrtägige Reise stand bevor, die uns jetzt schon in Gedanken in eine neue fremde Welt versetzte und viel Interessantes versprach. Die Vorbereitungen für die Verlegung wurden zügig getroffen: Einteilung der Marschgruppen auf die einzelnen Waggons und Abteile für den Eisenbahntransport, Zuteilung des militärischen Begleitpersonals, das eigens aus Rochefort angereist war, Verpacken der gesamten Ausrüstung, Empfang von Marschverpflegung für 4 Tage und noch schnell ein Brief nach Hause mit den aktuellen Neuigkeiten. Am Vormittag des 3. Juli war es dann endlich soweit.

Wir traten an, etwa 150 Mann, und marschierten von der Kaserne zum Bahnhof. Es war der gleiche Weg wie am 1. Juli, nur in umgekehrter Richtung und diesmal nicht in Zivil, sondern uniformiert. Die Stimmung war gut, nicht zuletzt durch die Marschlieder, die wir lauthals sangen. Es war ein heißer Tag, die Eisenbahnwagen standen in praller Sonne und warteten auf uns. Es waren Waggons französischer Bauart, für je 8 Mann ein Abteil mit gepolsterten Bänken, eigentlich sehr komfortabel für Rekruten. Unter großem Hallo, viel Gedränge und Geschubse erkämpfte sich jeder einen Platz, an den er nun für die ganze Reise gebunden war. Man kam sich untereinander schnell näher, jeder machte sich bekannt, woher er kam und was er war. Einige, die vom Lande stammten, waren als Mitreisende besonders willkommen, weil sie durch zusätzliche Verpflegungspakete von zu Hause die doch sehr knapp erscheinende Marschverpflegung aufzubessern versprachen. Am Nachmittag setzte sich der Zug - wir wurden schon ungeduldig - endlich in Bewegung. Man vertrieb sich die Zeit mit Skat oder Schach, einem kurzen Schläfchen oder mit Essen. Es war immer etwas los und so richtig Ruhe fand eigentlich keiner. Erst gegen Abend, als es dunkel wurde, überkam uns eine allgemeine Müdigkeit. Einer kam auf den klugen Gedanken, daß man doch die Gepäcknetze nutzen sollte, um wenigstens im Wechsel immer 2 Mann Gelegenheit zu geben, etwas bequemer zu schlafen. Der Vorschlag wurde mit Hallo begrüßt. Das Gepäck wurde auf den Mittelgang gestellt und die Netze freigemacht. Welch herrliches Gefühl, sich dort lang auszustrecken. Es war allerdings nicht zu übersehen, daß der Mief da oben konzentrierter und die angestaute Hitze unterm Dach fast unerträglich war. Außerdem drückten die harten Maschen und Knoten des Netzes sehr unangenehm bis auf die Knochen durch. Egal, allein das Gefühl, ein eigenes Plätzchen zu haben, machte schon glücklich. Nach 8-stündiger Bahnfahrt bemerkten wir, daß der Zug hielt und von unserer Lok abgekuppelt wurde. Es sprach sich nach einiger Zeit herum, daß wir auf einem Güterabstellgleis in Bebra standen. Das Begleitpersonal bewachte den Zug, damit keiner von uns aussteigen konnte und eventuell verlorenging, wenn der Zug plötzlich abfahren sollte. Nach einigen Wartestunden ruckten die Wagen wieder an und setzten sich mit einer neuen Lok in Bewegung. Wir verfolgten sehr interessiert die Reiseroute, vor allem warteten wir auf den spannenden Moment des Grenzübertrittes nach Frankreich. Als wir das Bahnhofsschild Luneville lasen, wußten wir, daß wir nun französischen Boden unter uns hatten. Es war ein eigenartiges Gefühl, in einem fremden Land zu sein. Alles war so anders, wenigstens bildeten wir uns das ein. Nach etlichen Halts und einem längeren Aufenthalt auf den Gleisen von Paris erreichten wir Angoulême, eine alte Stadt römischen Ursprungs. Wie ein Lauffeuer ging es durch den Zug: Partisanen haben die Gleise nach Rochefort gesprengt. 10 km hinter Angoulême hielt der Zug.

Wir mußten aussteigen, unser Gepäck schnappen und zu Fuß an den gesprengten Schienen vorbeilaufen, um hinter der Unfallstelle einen neuen Zug, der schon auf uns wartete, zu besteigen. Dann verlief alles reibungslos und schon nach verhältnismäßig kurzer Zeit erreichten wir nach einer Gesamtreisedauer von fast 4 Tagen Rochefort. Auf dem Bahnhof mußten wir wieder antreten. Der ganze Haufen wurde einem Oberleutnant gemeldet. Es fand eine eingehende Belehrung statt, wie wir uns in Frankreich zu verhalten haben. "Es darf nicht der Eindruck entstehen, daß Ihr Rekruten seid. Die Bevölkerung muß glauben, daß Besatzungstruppen ausgewechselt werden", so die markigen Worte des Oberleutnants. Nachdem das Gepäck auf LKW's verladen wurde, marschierten wir in Richtung Kaserne. Wir hatten das Gefühl, schon einen guten militärischen Eindruck zu hinterlassen. Der Gesang auf dem Marsch, der nicht abriß, war gekonnt. Nach etwa einer Stunde erblickten wir vor uns die Kasernenanlage, die sich von den Wohnhäusern deutlich abhob. Es war ein enttäuschender Anblick, große 4-stöckige Bauten, dunkelgrau, verwahrlost und wenig einladend. Einige hatten es vom Begleitpersonal schon erfahren: Es war eine ehemalige Marokkanerkaserne. Na ja, was soll's, dachten wir, schließlich ist man in Frankreich und dann noch ganz in der Nähe des Atlantiks. Als sich das Kasernentor hinter uns schloß, standen wir auf einem großen Exerzierplatz. Wir wurden aufgerufen und auf verschiedene Kompanien aufgeteilt. Gruppenweise marschierten wir zu den uns zugewiesenen Unterkunftsbereichen. Es erfolgte neuerlich eine namentliche Aufteilung. Jeweils 32 Mann wurde eine riesengroße Stube zugewiesen.

Sechzehn doppelstöckige Holzbetten mit Stroheinlage, pro Mann ein Spind und am Kopfende der Stube ein langer Tisch und zwei Bänke zum Aufenthalt und Essen bildeten den äußeren Rahmen unserer neuen gemeinsamen Behausung. Nun entwickelte sich alles, so wie man sich das Leben beim Kommiß vom Hörensagen vorstellte. Je zwölf Mann bildeten eine Rekrutengruppe, ein Unteroffizier als Ausbilder und ein Gefreiter als Hilfsausbilder "nahmen sich unserer an". Der für mich und meine Gruppe zuständige Unteroffizier war ein kleiner drahtiger Bursche. Er sprach sächsischen Dialekt und war, wie er sich vorstellte, in Skeuditz zu Hause, von Beruf Bäcker und hieß Hundt. Er wirkte eigentlich sehr sympatisch und machte gar nicht den Eindruck eines Schleifers, wie wir es erwartet hatten. Die nächsten drei Monate unseres Lebens sollten wir unter seiner Fuchtel stehen. Über die Rekrutenzeit eines Soldaten sind in der Vergangenheit so viele Geschichten und Anekdoten geschrieben worden, daß es mir schwerfällt, grundsätzlich Neues hinzuzufügen. Trotzdem will ich einiges an Eindrücken, die mir noch in lebhafter Erinnerung sind, nicht unterschlagen, um aufzuzeigen, wie viel Unsinn in so einer Ausbildung steckt. Da war das Stuben- und Revierreinigen, das dreimal am Tag durchgeführt wurde, morgens und abends gründlich mit Wasser, Schrubbern und Lappen, mittags trockenes Ausfegen mit dem Besen. Dieser Dienst wurde im Wechsel täglich von 4 Mann der Stube durchgeführt. Morgens nach dem Wecken und Waschen wurde aus Eimern eine Unmenge an Wasser auf den Steinboden der Stube geschüttet, die Unbeteiligten flüchteten auf ihre Betten und hockten dort, um dem Wasserbad zu entgehen. 2 Mann des Stubendienstes versuchten keuchend und schwitzend, mit ihren Schrubbern das Wasser vor sich her zum Türausgang auf den Flur zu schieben, die anderen beiden bildeten das zweite Glied mit Lappen, um den Boden trocken zu wischen. Gleichzeitig ergossen sich die Wassermassen als graue Brühe aus drei 32-Mannstuben auf den Flur und das ganze in 4 Stockwerken. Das Wasser auf dem obersten Flur mußte als erstes über die Treppe zum unter uns liegenden Flur geschoben und geschrubbt werden und wurde vom dortigen Stubendienst übernommen, mit dem eigenen Wasser vermischt und weitergegeben an den nächsten Flur, bis im Parterre die Brühe aus 4 Stockwerken angelangt war. Hier bemühten sich nun alle Stubendienste in gemeinsamer Arbeit um die Beseitigung der Wassermassen. Trotz lautstarker Beanstandungen der Ausbilder, die zur Aufsicht des Unternehmens eingeteilt waren, klappte das System nach kurzer Zeit schon recht gut.

Dann gab es noch ein ganz besonderes Problem, das der Essenverteilung für die Abend- und Morgenverpflegung. 2 Mann wurden täglich im Wechsel als Essenholer eingeteilt, die beim Fourier die Verpflegung abholen mußten. Die Verteilung der Rationen wurde mit äußerster Gewissenhaftigkeit durchgeführt. Auf dem langen Tisch wurde alles zur Verteilung vorbereitet und 32 Kochgeschirre und 32 Blechbutterdosen in Reih und Glied aufgestellt. Es kam jedesmal zur Verteilung: Für 5 Mann 2 Brote, ein Klumpen Butter oder Margarine, Würste und Käse in ganzen Stücken sowie pro Mann 7 Zigaretten, zusätzlich manchmal Obst und Konserven.

Die Verteilung erfolgte unter der strengen Kontrolle aller 32 Anwesenden, damit keiner benachteiligt wurde. Zuerst das Brot. Jedes Brot wurde in 3 Stücke geschnitten, wovon jeder ein Stück erhielt. Das sechste Drittel jedes zweiten Brotes wurde nochmals genau in 5 Teile zerlegt und zusätzlich pro Kopf zugewiesen. Auf dauernde Proteste hin wurde so viel immer wieder herumgeschnitten, bis wirklich jeder die gleiche Menge hatte, wenn manchmal auch nur in Form von Krümeln. Das gleiche Spielchen gab es bei der Verteilung der anderen Dinge. Es dauerte natürlich sehr lange, bis wir endlich zum Essen kamen, aber der Hunger verlangte Gerechtigkeit. Außerdem hatten wir abends ja Zeit genug. Es hieß nun für jeden, alles so einzuteilen, daß abends der Hunger gestillt werden konnte, für morgens aber noch etwas übrigblieb, denn der Vormittag bis zum Mittagessen war lang und durch den Ausbildungsdienst sehr anstrengend und machte hungrig. So ging es jeden Morgen wie auf einem orientalischen Basar zu. Hier wurde getauscht und gehandelt. 2 Zigaretten für 1 Scheibe Brot war die Norm, an der sich alles orientierte, die Nichtraucher waren die lachenden Dritten, sie hatten immer zu essen. Es muß ihnen aber zur Ehre gesagt werden, daß sie einem bettelnden armen Raucher auch manchmal ohne Gegenleistung etwas abgaben.

Nach 4 Wochen kam endlich der erste langersehnte Ausgang. Es war an einem Samstagnachmittag. Wir hatten unsere Ausgehuniform bestens vorbereitet, seit 3 Tagen die Hosen zwischen die Bretter unter den Strohsack gelegt und darauf geschlafen, bis die Bügelfalten messerscharf waren. Die Stiefel wurden auf Hochglanz poliert und auch sonst war alles wie aus dem Ei gepellt. Unter Aufsicht von Unteroffizier Hundt gings dann ab in die Stadt. Wir kehrten zuerst in eine kleine Bar ein. Es war ein einfacher, aber sehr gemütlicher Laden. Die Regale hinter der Holztheke waren vollgestopft mit einer Vielzahl von Cognacflaschen und den herrlichsten bunten Likörflaschen, die ich je gesehen hatte. Wir machten es uns bequem, genossen die Freiheit und ließen uns einen dieser süßen Liköre schmecken. Der Wirt war ein freundlicher älterer Herr, der uns äußerst nett begrüßte und anscheinend mit deutschen Soldaten gute Erfahrungen hatte. Wir unterhielten uns in französisch mit ihm, soweit es unsere Schulkenntnisse zuließen. Die nächste Station war, wie konnte es anders sein, ein französisches Soldatenbordell. Unser Unteroffzier wurde sehr herzlich begrüßt, er schien dort gut bekannt zu sein. Ich war wahnsinnig aufgeregt. Wir wurden in einem dezent erleuchteten Raum von der "Mutter" des Hauses empfangen. Sie bat uns zu einem Drink und wir versanken in den kleinen dunkelroten Polstersesseln und hielten beklommen unseren Cognac in der Hand. Wieviel hatten wir doch schon von den berühmten Französinnen und ihrer Raffinesse gehört. Aber nun war das plötzlich Wirklichkeit geworden und ich fühlte förmlich, wie Lampenfieber und Angst in mir hochkrochen. Die Salontür öffnete sich und die leichten Mädchen setzten sich völlig unbefangen zwischen uns. Miniröckchen sah ich hier zum ersten Mal und auch diese langen bestrumpften Beine mit den Stöckelschuhen. Ich fand sie alle aufregend hübsch, aber ich mochte gar nicht hinschauen, was ihre leichten Spitzenblüschen alles zeigten. So wurde ich nur feuerrot und hätte mich vor Zorn über mich selbst ohrfeigen können. Das netteste Mädchen tuschelte jetzt mit Unteroffizier Hundt und schien etwas mit ihm zu besprechen.

Das waren wir, die 12 Offizieranwärter der Annahmestelle in Hannover. In der Mitte unser Betreuungsoffizier, Major Hauschildt, 5. von rechts Wolfgang Zebrowski.

In meiner ersten Fliegerkombination fühlte ich, der 18jährige Flugschüler Wolfgang Zebrowski, mich äußerst wohl. Die dicke Fütterung schützte mich gegen die Winterkälte in den offenen Schulmaschinen.

Die Heinkel He-72 (A 2-Klasse) wurde für die fliegerische Grundschulung eingesetzt. Das Bild zeigt den Doppeldecker bei einem unserer Überlandflüge.
Sie war ausgerüstet mit einem 160 PS starken BMW-Bramo SH 14 A-Motor. Höchstgeschwindigkeit 185 km/h, Reisegeschwindigkeit 170 km/h, Reichweite 475 km. Das Fluggewicht betrug 900 kg.

Die Bücker 131 (A 2-Klasse) diente in der Grundschulung hauptsächlich für die Kunstflugausbildung. Sie zeichnete sich durch besondere Beweglichkeit und ein schnelles Reaktionsvermögen aus.
Ausgerüstet war sie mit einem 105 PS starken Hirth-Motor 504 A-2. Höchstgeschwindigkeit 180 km/h, Reisegeschwindigkeit 170 km/h, Reichweite 650 km. Das Fluggewicht betrug 680 kg.

Die Weihe, Focke Wulf Fw 58, wegen seiner Leichtbauweise (Stoffbespannung) von uns auch Leukoplastbomber genannt, war das erste zweimotorige Flugzeug, das wir flogen. Es diente der Vorschulung für die Kampffliegerausbildung und war für Instrumenten- und Nachtflug voll ausgerüstet. Mit 2 Argus 10 C-Motoren von je 240 PS lag die Höchstgeschwindigkeit bei 255 km/h und die Reisegeschwindigkeit bei 240 km/h. Reichweite 800 km, Fluggewicht 3200 kg.

Die Junkers W-34 war ein Schulflugzeug der B 2-Klasse mit der Ausrüstung für Instrumentenflug. Auf dieser Maschine wurden die Piloten weitergebildet, die für eine spätere Verwendung als Kampf- oder Transportflieger sowie als Fernaufklärer vorgesehen waren.
Sie war ausgerüstet mit einem 660 PS starken BMW 132 A-Motor. Höchstgeschwindigkeit 265 km/h, Reisegeschwindigkeit 235 km/h. Reichweite 1280 km. Fluggewicht 10500 kg.

Die Ju 88 mit einem Fluggewicht von 10300 kg war damals das modernste deutsche Kampfflugzeug. Auf der C-Schule in Zeltweg schulten wir auf den A-4-Typ um. Die Maschine hatte 2 Jumbo 211 B 1-Motoren von je 1200 PS. Höchstgeschwindigkeit 450 km/h, Reisegeschwindigkeit 350 km/h, Reichweite 1500 km.

Die Siebel 204 D war Standardflugzeug und zugleich fliegender Hörsaal für die Blindflug-, Funk- und Navigationsausbildung. Hinter der Pilotenkanzel für Fluglehrer und -schüler war im Kabinenraum Platz für einen Lehrer und 4 Schüler an Arbeitstischen. Mit den je 600 PS starken Argus AS 411-Motoren erreichte die Maschine eine Reisegeschwindigkeit von 340 km/h bei einer Reichweite von 1800 km. Das Fluggewicht betrug 5600 kg.

Die He 111 als Kampfflugzeug hatte zwei 1100 PS starke Daimler-Benz 601 A-Motoren, eine Höchstgeschwindigkeit von 420 km/h und eine Reisegeschwindigkeit von 300 km/h. Die Reichweite betrug 1500 km und das Fluggewicht 10500 kg.

Die Ju 52, das bewährteste Flugzeug Deutschlands überhaupt, im Krieg als Transporter eingesetzt, erreichte mit seinen 3 je 660 PS starken BMW 132 A-Motoren eine Höchstgeschwindigkeit von 290 km/h und eine Reisegeschwindigkeit von 245 km/h. Reichweite 1280 km, Fluggewicht 10500 kg.

Auf der Arado 96 machten wir unseren Blindflugschein III für einmotorige Flugzeuge, bevor wir auf die Focke-Wulf 190 umschulten.
Ausgerüstet war sie mit einem 465 PS starken Argus AS 410 A-Motor. 330 km/h Höchstgeschwindigkeit, 300 km/h Reisegeschwindigkeit, Reichweite 1000 km, Fluggewicht 1700 kg.

Das Einsatzflugzeug des 1. Schnellkampfgeschwaders 10 (Nacht) war die Focke-Wulf 190 A 5/U 8 in Spezialausführung.
Der bullige luftgekühlte Doppelsternmotor BMW 801 D 2 hatte 1700 PS, dessen Leistung durch zusätzliche Methanol-Wassereinspritzung kurzfristig auf 2100 PS gebracht werden konnte.
Der dunkle Tarnanstrich der Zelle und die Flammenvernichter an den Auspuffrohren machten uns für die gegnerische Nachtjagd fast unsichtbar. Die Maschine war bewaffnet mit 2 MG 151/20, Kaliber 20 mm, Schußfolge 800/min und 2 MG 131, Kaliber 13 mm, Schußfolge 920/min. Sie trug unter dem Rumpf eine 500-kg-Bombe und hatte unter jeder Fläche eine Aufhängevorrichtung für einen abwerfbaren Kraftstoffzusatzbehälter mit einem Fassungsvermögen von je 300 Liter.
Bei voller Beladung betrug die Reisegeschwindigkeit 450 km/h. Leer erreichte sie eine Höchstgeschwindigkeit von 550 km/h. Mit Zusatzbehältern konnte eine Flugzeit von über 3 Stunden erzielt werden.

Das ist die Messerschmitt Bf 108, mit der ich die unglückliche Bruchlandung bei Maubeuge machte.
Das kleine Luxusflugzeug war mit einem Argus AS 10 C-Motor ausgerüstet, war 240 PS stark und hatte eine Reichweite von 950 km bei einer Reisegeschwindigkeit von 265 km/h.

Der Fieseler Storch, Fi 156, war das Verbindungs- und Beobachtungsflugzeug unserer Gruppe. Mit ihm flog ich die Panzeraufklärung nach Bersenbrück. Er hatte einen 240 PS starken Argus AS 10 S-Motor. Die Fluggeschwindigkeiten lagen je nach Erfordernissen zwischen 175 und 50 km/h.

Und dann kam's raus. Man führte uns eine Sexschau vor. Ich glaube, es war hervorragend gemacht und versetzte mich in einen ganz fremden Zustand. Trotzdem war ich keiner von denen, die anschließend für 10 Franc mit einer Dame ihrer Wahl in das Chambre separée entschwanden. Nach einiger Zeit kamen die "Liebhaber" zurück und wurden mit großem Hallo empfangen. Ja. Jetzt wußten wir, wo der Puff war und vielleicht hatten wir ja sogar noch einmal alleine Ausgang... später. Die letzte Station war ein Schlemmerlokal an der Charante, einem Flüßchen, das mitten durch Rochefort fließt. Es wurde ein netter und gemütlicher Abschluß mit besonderen lukullischen Genüssen der französischen Küche. Besonders imponierten uns die Austern, die zwar jeder lobte, aber keinem von uns schmeckten, weil man sie nicht kannte.

Die 3 Monate Rekrutenzeit verstrichen wie im Fluge, man war ja auch tagsüber voll gefordert, jeder Vormittag war ausgefüllt mit Exerzierdienst, Geländeübungen oder Märschen. Die meiste Zeit verbrachten wir damit, Gewehrgriffe zu klopfen und den Parademarsch zu üben. Nachmittags standen fast immer die Eskaladierwand, Unterrichte, Sport, Schießübungen oder Singen auf dem Dienstplan.

Dann die gefürchteten Maskenbälle unter dem Oberbegriff "Appelle". Es war an einem Sonntagnachmittag, bei sengender Hitze, als unsere Stube mal wieder "dran" war. Wir waren wegen Unsauberkeit aufgefallen. Unteroffizier Hundt hatte, als er mit dem Finger hinter den Heizkörpern herumstocherte, an seiner Fingerkuppe Staub festgestellt. Er hatte es zumindest behauptet. Für uns bedeutete das natürlich eine unangenehme Extraeinlage, den gehaßten Maskenball. Um 14.00 Uhr ging es los. Unteroffizier Hundt und zwei andere Gruppenführer saßen in Turnhosen gemütlich vor dem Kasernenbau an einem weißgedeckten Tisch bei Kaffee und Kuchen im Schatten eines Sonnenschirmes und führten Dienstaufsicht. Wir hatten den Auftrag, alle 10 Minuten in anderer Bekleidung anzutreten, im laufenden Wechsel Ausgehanzug, Drillich, Turnzeug, Kampfanzug, Nachthemd, mal mit, mal ohne Gewehr, mit oder ohne Gasmaske, Stahlhelm auf oder ab, zum Schluß wurden die Strohsäcke der Betten heruntergeschleppt, auf den Rücken gepackt und ein paar Ehrenrunden um den Bau gedreht. Da die Säcke sehr grob gewebt waren und Löcher hatten, verloren wir natürlich dabei den größten Teil des Strohs. Hinterher waren wir zwei Stunden damit beschäftigt, jedes einzelne Hälmchen wieder aufzusuchen und in die Säcke zu stopfen. Abschließend fand dann ein Stuben- und Spindappell statt. Jeder suchte unter den Bergen von Klamotten sein Eigentum zusammen, ordnete es fein säuberlich wieder ein, denn die Spindkontrolle war streng und zog bei Beanstandungen immer wieder Sonderstrafen nach sich.

Wien - Langenlebarn

Ende September 1942 hieß es: Alle Offizieranwärter des Regiments zum Appell antreten. Anlaß war die Bekanntgabe, auf welche Luftkriegsschule jeder einzelne versetzt wurde. Zur Auswahl standen Dresden-Klotsche, Berlin-Gatow, Berlin-Werder, Breslau-Schöngarten, München-Fürstenfeldbruck und Wien-Langenlebarn.

Jeder wurde namentlich aufgerufen. Als letzter im Alphabet: "Flieger Zebrowski, Luftkriegsschule 7, Wien-Langenlebarn." Ich war erfreut und betrübt zugleich. Wien war sicher eine schöne und reizvolle Stadt. Berlin wäre mir als Berliner aber lieber gewesen.

Am 1. Oktober nahmen wir Abschied von Rochefort und unserer Rekrutenausbildung. Es lag schon etwas Wehmut in dem Fortgang aus einer Umgebung, die von so viel Kameradschaft im gemeinsamen Leid geprägt war. Aber letztenendes überwog die Freude, dem Traum des Fliegens nun endlich näherzukommen. Über das Leben an einer Kriegsschule wußten wir wenig, nur daß uns eine harte Offizierausbildung und die fliegerische Schulung erwartete. Nach 3-tägiger Bahnreise erreichten wir Tulln/ Langenlebarn bei Wien, den Standort der Luftkriegsschule 7. Wir wurden der II. Inspektion zugeteilt. Jede Inspektion hatte 4 Aufsichten à 24 Mann. Ich kam zur Aufsicht "Gustav". Unser Aufsichtsoffizier hieß Oberleutnant Eickmann. Er stammte aus dem Bergischen Land bei Köln. Wir 24 Junker, so nannten wir uns, kamen aus dem Kölner Raum, Westfalen und Norddeutschland. Zum größten Teil kannten wir uns aus der Rekrutenzeit. Wir bezogen die obere Etage eines modernen Winkelbaus und wurden in 3-Mann-Stuben eingewiesen. Ich lag mit Günter Schünemann aus Bremen und Kurt Wedekind aus Herne zusammen. 4 Mann bildeten jeweils eine Fluggruppe.

Mein Fluglehrer hieß Oberfeldwebel Dieckmann und stammte aus Bayreuth. Er war wie alle unsere Ausbilder vom 100 000 - Mann - Heer der Reichswehr, ein knallharter Bursche. Die Fluglehrer waren gleichzeitig als Gruppenführer für die militärische Ausbildung unter Leitung des Aufsichtsoffiziers verantwortlich.

Der Rahmendienstplan über 9 Monate sah wie folgt aus:

Morgens 05.15 Uhr	Wecken, Waschen, Stuben- und Revierdienst
06.00 Uhr	gemeinsames Frühstück im Speisesaal des Wirtschaftsgebäudes
07.00 Uhr	Dienstbeginn
12.00 Uhr - 13.15 Uhr	gemeinsames Mittagessen und Mittagspause
13.30 Uhr	Beginn des Nachmittagsdienstes
17.30 Uhr	Dienstende
18.00 Uhr	gemeinsames Abendessen
20.00 Uhr	Stuben- und Revierdienste
21.00 Uhr	Zapfenstreich mit Bettkontrolle

Die Woche hatte 6 Diensttage, zusätzlich war an jedem 2. Sonntag Flugdienst. Ausgang gab es nie, wir waren voll kaserniert. Ein halber Tag gehörte jeweils der militärischen oder flieger-theoretischen Ausbildung, der andere halbe Tag dem Flugdienst.

Äußerlich gesehen machte das alles einen humanen Eindruck, doch der Teufel steckte im Detail, weil man ständig unter strengster Aufsicht und dauerndem Druck stand, auch in den Pausen und den sogenannten dienstfreien Zeiten, z.B. war das Rauchen nur in der Zeit von 19.00 Uhr 20.00 Uhr erlaubt. Wer außerhalb dieser einen Stunde beim

Rauchen erwischt wurde, wurde erbarmungslos mit 3 Tagen verschärftem Arrest bei trocken Brot und Kaffee bestraft.

Die Arrestzellen im Wachgebäude waren ständig belegt. Strafexerzieren in den Pausen war an der Tagesordnung und ersetzte oftmals das gemeinsame Mittagessen. Grund dafür gab es immer, wenn wir auf dem geschlossenen Marsch zwischen den Unterrichten nicht laut genug sangen, oder wenn vor dem Essen bei der Fingernagelkontrolle und der Überprüfung der Sauberkeit des Schuhwerks, vor allem der sogenannten Stege unter der Sohle Beanstandungen fällig waren oder wenn trotz fleißigen Revierreinigens noch ein Staubkörnchen entdeckt wurde. Das ganze wurde bis zur Perversität betrieben. Wir traten morgens vor dem Wohnblock an, zeigten unsere Fingernägel vor, winkelten die Unterschenkel nach hinten an und zeigten die Sohlen vor, alles war in Ordnung - dann gings ab zum Speisesaal. Ein Lied! 3 - 4 ! Im Gleichschritt. Jeder gab das letzte aus seiner Kehle. Plötzlich tauchte irgendwo auf dem Weg ein Vorgesetzter auf, dem unser Gesang nicht gefiel. Ab gings über Wiesen und Beete - hinlegen, vor marsch marsch, immer wieder. Keuchend und dreckig kamen wir mit Verspätung am Wirtschaftsgebäude an, wo uns unser Aufsichtsoffizier schon erwartete, eine erneute Sauberkeitskontrolle durchführte und dann natürlich feststellte, daß Finger und Schuhe nicht sauber waren. Es war alles wie verhext. Wütend wurden Sonderdienste befohlen, die auf Kosten der Freizeit gingen. So ging das fast jeden Tag, je nach Lust und Laune der Ausbilder. Der Dienst war fast unerträglich. Auch die Art, uns das Fliegen beizubringen, widersprach allen Grundsätzen vernünftiger Methodik. Der Flugdienst begann damit, daß die Schulmaschinen von uns ohne fremde Hilfe aus der Halle auf den Abstellplatz geschoben werden mußten. Der Fluglehrer bestieg das Cockpit, zwei Schüler hielten links und rechts die Flächenenden fest, die anderen beiden bemühten sich, den Propeller ohne Zündung ein paar mal durchzudrehen, um dann mit der Kurbel den Schwungkraftanlasser auf Touren zu bringen. Das Einschalten der Zündung bewirkte dann entweder, daß der Motor zündete und lief oder auch nicht und dann abwürgte.

Dann ging das ganze Spielchen wieder von vorne los. Irgendwie und irgendwann wurde die Maschine zum Startplatz bewegt. Alle, die nicht flogen, standen am Startplatz herum. Hinsetzen war verboten, das war unmilitärisch. Die erste Bewährungsprobe, bevor die Schulung losging, war ein Einweisungsflug auf einem einmotorigen Doppeldecker. Er dauerte 20 Minuten. Die Fliegertauglich- und -verträglichkeit sollte überprüft werden. Der Flugschüler wurde auf seinem Sitz fest angeschnallt, um bei halsbrecherischen Flugmanövern nicht aus der offenen Maschine geschleudert zu werden. Es war ein merkwürdiges Gefühl, als der Fluglehrer die Gase zum Start reinschob und die Klapperkiste in Fahrt brachte. Der Wind pfiff mir um die Ohren, die Augen tränten trotz der Fliegerbrille. Wir hoben vom Boden ab und gingen auf Höhe. Als ich mich gerade anschickte, meinen Zustand zu genießen, zog der Fluglehrer ruckartig den Steuerknüppel an den Bauch. Wir schossen senkrecht in den Himmel und ehe ich mich versah, und alles begriff, befand ich mich schon in Rückenlage. Ich hing mit dem Kopf nach unten, mein ganzes Körpergewicht in den Gurten, ich verlor fast den Verstand, die Maschine über mir und die Erde stand Kopf. Als der Fluglehrer das Gefährt wieder in Normallage brachte, hatte ich kaum Zeit zum Luftholen. Jetzt ging es Schlag auf Schlag, Turns, Loopings, Rollen, Ab- und Aufschwünge, ich war völlig durchgedreht. Mal hing mir der Magen unterm Hals, mal wurde er aufs Gesäß gepreßt. Der Kerl wollte mich natürlich fertigmachen und sehen, ob ich die Besinnung verliere oder kotze. Aber nichts, ich überstand alles gut. Nach der Landung war mir zwar etwas mulmig, aber übel, um mich zu übergeben, davon konnte keine Rede sein. Viele andere hatten diesen Einweisungsflug nicht so gut überstanden. Sie sahen teilweise wirklich jämmerlich aus. Dann ging es los mit der Schulung. Jeder durfte 5 Platzrunden hintereinander mit Lehrer fliegen, bevor der Flugschüler wechselte. Unsere Schulmaschinen waren Doppeldecker vom Typ He 72 oder Bücker 131. Innerhalb von 60 Platzrunden mußte jeder frei geflogen sein, sonst war es aus mit dem Traum des Fliegens. Wir schafften es alle, der eine früher, der andere später. Nachdem ich mich anfangs selten ungeschickt angestellt und bei der Landung den Knüppel nie fest durchgezogen hatte, dafür ein paar Runden mit dem Fallschirm um den Flugplatz traben mußte, fiel der Groschen endlich und ich war der dritte von 24, der ohne Lehrer fliegen durfte. Ich war natürlich mächtig stolz! Jeder Freiflug kostete am Abend eine Runde und einen abgeschnittenen Schlips.

Das Jahr 1942 ging zu Ende, wir waren trotz Schikanen und Strapazen guter Laune und genossen das erste Soldatenweihnachten in dieser isolierten Umwelt. Auf jeder Stube brannten die Kerzen an einem Weihnachtsbraum, die Päckchen von zu Hause wurden aufgemacht und der Inhalt bestaunt. Und dann kam die große Überraschung. Am 1. Feiertag gab es Ausgang, der erste und auch einzige während der ganzen Kriegsschulzeit. Günter Schünemann und ich fuhren nach Wien und suchten nach telefonischer Voranmeldung eine Familie auf, deren Namen ich von meinem Vater kannte. Es war ein Kunststoff-Fabrikant, der eine schloßartige Villa am Wienerwald besaß. Der Besuch hinterließ bei uns beiden einen nachhaltigen Eindruck. Ein livrierter Diener öffnete uns, bot uns einen Platz im Foyer an, verschwand wieder und kam zurück mit einem silbernen Tablett mit Zigaretten und bot aus einem reichhaltigen Alkoholsortiment Getränke nach Wahl an. Wir dachten, wir träumen. Wir wurden in einen Salon gebeten, in dem die Familie des Hauses sich die Ehre gab, uns zu empfangen. Nach einem herzlichen Begrüßungsgespräch wurde zu Tisch gebeten. Es war wie im Schlaraffenland. Es gab nichts, was es nicht gab. Trotz gierigen Hungers beherrschten wir uns und ließen Form und Stil erkennen, wie wir es als Junker gelernt hatten. Am Nachmittag wurde uns zu Ehren mit einer Anzahl von Gästen der Wiener Gesellschaft ein Hauskonzert gegeben. Eine Opernsängerin und ein Konzertpianist boten herrlichste Wiener Musik. Wir fühlten uns in eine andere Welt versetzt. Nie in meinem Leben habe ich Musik so genossen wie an diesem Tag. Vor dem Abendessen wurde im hauseigenen Spielsaal Roulette gespielt. Es war für uns alles unfaßbar. Das Abendessen in großer Runde, deren Mittelpunkt wir plötzlich waren, war überwältigend und ließ nichts zu wünschen übrig.

Die Zeit verging viel zu schnell bis zur Abfahrt unseres Zuges, der uns rechtzeitig zum Zapfenstreich nach Langenlebarn bringen mußte. Der Heimweg erfüllte uns mit Wehmut. Der graue Alltag hatte uns aber schnell wieder.

Am Neujahrsvormittag erfolgte etwas, worauf wir lange gewartet hatten. Die Inspektion trat an. Eine gemeinsame militärische Feier mit unserer Ernennung zum Fahnenjunker und mit der Beförderung zum Gefreiten wurde in einem würdigen Rahmen abgewickelt. Nun waren wir echte Offizieranwärter. Im Januar 1943 ging es für 14 Tage auf den Truppenübungsplatz Malacky, einem Gelände in den slowakischen Karpaten. Es war kalt, der Schnee lag hoch, der Geländedienst war hart und forderte die ganze Kondition, um zu überstehen.

Als wir zurückkamen, nahm uns neben der militärischen Ausbildung die Fliegerei wieder voll in Anspruch. Wir waren inzwischen alle freigeflogen und wurden auf neue Typen umgeschult, von der He 72, die ich zuerst flog, über die Bücker 131, Klemm 25, Bücker 181, Go 145 und anschließend auf die schweren Maschinen Weihe Fw 58, Junkers W 33, W 34 BMW und Bramo. Die Schulung war intensiv und gut. Wir lernten auf Überlandflügen ganz Deutschland, Österreich, die Tschechoslowakei sowie Teile Ungarns und Italiens kennen. Der militärische Drill kam dabei aber nie zu kurz. Nach der Parole, was einen nicht umwirft, macht stärker, wurden wir geformt.

So war es an einem Vormittag, der ausgefüllt war mit Exerzier- und Geländedienst. Wir waren geschlaucht und fertig. Zur Mittagspause zogen wir uns schnell um und marschierten zum Essen, rückten in den Speisesaal ein, stellten uns hinter die Stühle an der langgestreckten Tafel und warteten auf unseren Aufsichtsoffizier. Die Pellkartoffeln dampften, das schon aufgetragene Fleisch und Gemüse verbreiteten einen appetitanregenden Duft und förderten ein zusätzliches Hungergefühl. Mit ärgerlicher Miene betrat Oberleutnant Eickmann den Raum und stellte sich am Kopfende des Tisches auf. Wir erwarteten nichts Gutes. In barschem Ton schrie er uns an: "HFw Paul", er war unser gefürchteter Spieß, "hat mir gemeldet, daß das Revier der Aufsicht in einem schweinemäßigen Zustand war, er hat wieder einmal Papier auf dem Antreteplatz vor dem Unterkunftsgebäude gefunden. In 10 Minuten steht die Aufsicht feldmarschmäßig angetreten mit Stahlhelm, Gasmaske, Karabiner, blauem Drillich vorm Block zum Strafexerzieren". Wir sahen uns betreten an. Das Essen konnten wir in den Schornstein schreiben. Im Dauerlauf ging es zurück zur Unterkunft, rauf auf die Stube, den Spind aufgerissen, die Klamotten herausgeholt und umgezogen, den Drillich auf den nackten Körper, um nicht unnötig zu schwitzen. Pünktlich nach 10 Minuten stand alles auf dem Antreteplatz. Die Sonne brannte erbarmungslos. Eine volle Stunde wurden wir von einem unserer Ausbilder geschliffen, alles im Dauerlauf, die Zunge hing uns zum Halse raus. "Vor marsch marsch, hinlegen, volle Deckung, in Linie zu einem Glied 2 x rechts schwenkt marsch marsch, 2 x links schwenkt marsch marsch," es war unmenschlich. Als der erste zusammenbrach und entkräftet wie tot liegenblieb und einer helfen wollte, ihm den Stahlhelm und die Gasmaske vom Kopf zu reißen, traf es ihn wie ein Donnerschlag. Der Ausbilder brüllte ihn an: "Das ist Meuterei. Lassen Sie den Kerl liegen, sowas will Offizier werden, Schlappschwänze sind das. Ich werde Euch Beine machen." Völlig eingeschüchtert, aber mit dem Willen, durchzuhalten, überstanden wir bis auf 3 Mann, die erschöpft irgendwo am Boden lagen, die Tortur. Um 13.10 Uhr wurde das Strafexerzieren abgebrochen. Wir schleppten uns und die 3 Mann auf die Stuben, schmissen die Klamotten vom Körper, rannten splitternackt unter die Dusche, um wieder zu Kräften zu kommen. Schnell noch Revierreinigen, um 13.30 Uhr begann der Fluglehreunterricht. Es ging alles in Windeseile, im Dauerlauf zum Unterrichtsgebäude, wir mußten unbedingt pünktlich sein, um nicht neuen Ärger zu haben. Der Teufel war aber mit uns. Es war 1 Minute zu spät. Was dann folgte, war Sadismus. Oberleutnant Eickmann stand vor uns. "Ich werde Euch Beine machen, diese verdammte Unpünktlichkeit, Ihr werdet das so lange üben, bis Ihr Pünktlichkeit lernt. Morgen dasselbe nochmal." Totenstille in der Klasse. Tatsächlich wurde das Theater am nächsten Tag wiederholt. Einige von uns wollten sich schon ablösen lassen. Aber wir wollten ja Offiziere werden, also wurde auf die Zähne gebissen. Als ich mich am nächsten Tag bei der Schleiferei einmal nicht schnell genug hinlegte und dann noch die Hacken nicht auf den Boden drückte, war es um mich geschehen. Ein

Ausbilder nahm mich unter seine Fittiche. Er jagte mich vor sich her - hinlegen, auf marsch marsch, in schneller Folge. Jedesmal nach dem Hinlegen trat er mir in die Hacken, bis ich nicht mehr konnte und meine Reaktionen nachließen. Er scheuchte mich in den Waschkeller, ich mußte in einen Bottich springen und auf Kommando im Wasser immer unter- und auftauchen. Ich hielt dabei meinen Karabiner auch unter Wasser krampfhaft fest, um ihn nicht aus der Hand gleiten zu lassen, was einer Todsünde gleichkam. Pudelnaß schlich ich nach dieser Sondereinlage auf meine Stube. Das erste, was ich machte, war, mein Gewehr auseinanderzunehmen und die Einzelteile gegen Rost einzuölen. So lächerlich das klingt, aber es war wahr. Wir schworen uns alle, hart zu bleiben und nicht unterkriegen zu lassen. Die Kameradschaft war so stark wie nie. So konnten wir Demütigungen ertragen, ohne seelischen Schaden zu nehmen. An einem Samstagnachmittag war Sonderrevierreinigen angesetzt. Die Stufen mußten so lange mit Wasser gescheuert werden, bis der Parkettboden aufquoll und stank, anschließend mußten wir die Brühe auf den Flur schieben und nach Beseitigung der Wassermassen solange in mehreren Reihen hintereinander über den rauhen Terrazzoboden des Flurs robben, bis alles blank und trocken war. Jedesmal, wenn wir an dem Ausbilder vorbeirobbten, mußte Blickwendung eingenommen werden. Wir hätten den Kerl am liebsten totgeschlagen. Unsere Knochen waren blau und grün und die Haut an Brust und Händen aufgerissen. Aber auch das ging vorbei und hat uns nicht umgeworfen. Es gab aber auch erfreuliche Tage und Wochen, die ich nicht vergesse. Wir waren zwei Wochen im Februar 1943 auf einer Skihütte in der Steiermark in der Nähe von Leoben. Es war natürlich alles spartanisch und hart, das Essen, die Unterkunft, die militärisch befohlenen und durchgeführten Wanderungen und Abfahrten. Trotzdem genossen wir den Schnee und die zauberhafte Berglandschaft. Wir genossen es einfach, weg von der Kaserne zu sein! Abwechslung brachten uns auch die Theaterbesuche in Wien, im Burgtheater oder der Staatsoper, monatlich einmal. Es war jedesmal ein eindrucksvolles Erlebnis, die große Welt und die berühmten Stars der Weltbühne kennenlernen zu dürfen. Dann gab es für uns noch ein Vergnügen besonderer Art, das der Tanzstunden. Inzwischen waren wir am 1.4. zum Unteroffizier befördert worden und mußten nun auch noch gesellschaftlich Schliff bekommen. Einmal wöchentlich ging es unter Leitung von Oberleutnant Eickmann nach Wien, mit der Bahn von Langenlebarn nach Heiligenstadt und von dort mit der Straßenbahn zur Tanzschule, immer geschlossen versteht sich, äußerlich geschniegelt und gebügelt mit weißem steifen Kragen und weißen Glacéhandschuhen. Unsere Tanzpartnerinnen waren Töchter der sogenannten gehobenen Gesellschaftsklassen, meistens aus Offizierkreisen. Unser Tanzlehrer war ein k. u. k. - Rittmeister a.D. alter Schule und Prägung. Jede Stunde begann mit Form- und Stilübungen. Getanzt wurde fast ausschließlich Wiener Walzer und Polonaisen, das aber mit allen Figuren wie zu Kaisers Zeiten. Unter den strengen Augen unseres Aufsichtsoffiziers und der Mütter der Töchter bemühten wir uns, einen guten Eindruck zu machen. Es war teilweise natürlich mehr quälend als vergnüglich, aber letzten Endes doch immer amüsant und so gehörten die Tanzstunden mit zu den Glanzpunkten unserer Ausbildung.

Kampfflieger

Das letztlich nachhaltigste Ereignis auf der Kriegsschule war die Beförderung zum Fähnrich, verbunden mit der feierlichen Überreichung des Fliegerdolches und ein anschließender gemeinsamer Abschlußurlaub von einer Woche für die gesamte Aufsicht in Zell am See. Erfreulich war für mich, daß ich den Kriegsschullehrgang mit der Gesamtnote "gut" abschließen konnte. Am 1. Juli fand eine große feierliche Verabschiedung statt. Nach 9 Monaten trennten sich unsere Wege. Je nach Eignung ging es zu den Schulen für Jagdflieger, Fernaufklärer, Kampfflieger oder Transporter. Meinen Freund Heinz Appels aus Münster und mich verschlug es nach Zeltweg in der Steiermark zur C-Schule für Kampfflieger. Wir spürten es schon bald: Der militärische Ausbildungsüberdruck war weg, alles galt jetzt der fliegerischen Weiterschulung und Spezialisierung. Unsere Fluggruppe umfaßte 16 Mann, davon 3 Offiziere, 11 Unteroffiziere und 2 Gefreite, die von 4 Fluglehrern und einem Gruppenfluglehrer betreut wurden. Zuerst wurde auf die Ju 86 umgeschult, einen riesengroßen zweimotorigen Kasten, ein ehemaliges Lufthansapassagierflugzeug, am Anfang des Krieges noch als Bomber eingesetzt und jetzt für Schulzwecke ausgesondert. Es war eine faszinierende Fliegerei auf diesem Rohöler, die enormen Dimensionen des Rumpfes und der Flächen, die gewaltigen ausfahrbaren Fahrwerke und Landeklappen. Das alles erforderte ein Umdenken zu den bisher geflogenen Kleintypen. 20 Stunden Fliegerei und Theorieunterrichte wurden in vier Wochen erfolgreich bewältigt. Wir genossen die Freiheit und Freizügigkeit des Lebens, das wir jetzt hatten. Im Gegensatz zur Kriegsschulzeit Ausgang jeden Tag und dann noch am Samstagnachmittag und Sonntag dienstfrei zur eigenen

Verfügung. Es erschien uns alles einmalig, vor allem aber die Fliegerei in den Alpen. Doch schon bald wurde es ernst, die Ausbildung auf Ju 88 folgte, dem z.Z. modernsten Bomber der Luftwaffe. Die Umschulung wurde erschwert, da sie ohne Fluglehrer erfolgen mußte, weil es nur einen Pilotensitz in der Kanzel gab. Bevor wir also fliegen konnten, mußte alles im Trockenkurs am Boden geübt werden. Hierfür diente eine ausgeschlachtete Maschine mit allen Hebeln, Steuern, Anzeigegeräten und einer voll simulierten Technik. Die Maschine war sehr schwer zu fliegen, da sie einmal eine hohe Flächenbelastung hatte, das heißt sehr strömungsempfindlich war und mit hoher Fahrt um die 160 km/h aufgesetzt werden mußte, andererseits viel manuelle Arbeit bei Start und Landung verlangte und dann noch beim Start sehr leicht ausbrach, da sich beide Luftschrauben in einer Richtung drehten. Wir wurden im Simulator soweit getrimmt, daß wir sämtliche Schaltungen und Bedienungen mit zugebundenen Augen beherrschten und jeden Knopf und Hebel blind fanden. Daneben lernten wir Lagen und Höhen aller Berge, Pässe, Täler und Hindernisse in den Alpen auswendig. Erst dann wurden wir losgelassen. Der erste Alleinflug verursachte schon Herzklopfen. Neben mir saß in der Bodenwanne der Kanzel ein Bordmechaniker. Die Kerle taten uns leid, es war das reinste Himmelfahrtskommando für sie, jedesmal mit einem Neuling fliegen zu müssen und nicht eingreifen zu können. Die Burschen waren aber alle unwahrscheinlich versiert. Sie dirigierten uns mit den Worten wie "Luftschraube auf Startstellung, Landeklappe 15 Grad, Gas geben, linker Motor etwas weiter vor, langsam abheben, Fahrwerk ein, Landeklappen ein, Luftschrauben auf Reiseflug, Fahrt 220 km/h, Linkskurve, Höhe halten, Landeklappe 15 Grad, Fahrwerk raus, Fahrt zurück, Landeklappe 30 Grad, Luftschraube in Startstellung, Fahrt halten, 2 m/sec sinken, ran an den Boden, 160 km/h, langsam durchziehen. Knüppel an den Bauch, Richtung halten. Das alles kostete Nerven. Nur einmal klappte es nicht, ein Oberfeldwebel und sein Bordmixer mußten ins Gras beißen, bei der Landung überschlug sich die Maschine und brannte aus. Es waren die ersten Toten, die ich in der Fliegerei erlebte. Trotzdem war Zeltweg eine herrliche Zeit, wir flogen kreuz und quer durch die Alpen, lernten die Maschine nicht nur kennen, sondern auch beherrschen. Das Wetter war fast immer ideal. In unserer Freizeit lernten wir Österreich kennen. Nach 3 Monaten am 1. Oktober war der Lehrgang zu Ende. Wir wurden zum Oberfähnrich befördert und zur Blindflugschule versetzt. Hänschen Appels und ich kamen nach Wesendorf in die Lüneburger Heide.

Wesendorf

Es war wieder eine völlig neue menschliche Zusammensetzung. Wesendorf war ein militärischer Einödstandort, die nächste Ortschaft war Gifhorn, nur mit dem Bus oder der Bahn zu erreichen. Die Unterkünfte waren primitiv, alte Reichsarbeitsdienstbaracken mit Kohlenöfen. Trotzdem gefiel es uns und die Kameradschaft war gut. Wir waren zu Sechsen auf einer Stube, neben Hänschen Appels und mir noch 4 Feldwebel. Ziel dieses Ausbildungsabschnittes in Wesendorf war die Erlangung des Blindflugscheines II für schwere Kampfflugzeuge. In den ersten 6 Wochen gab es nur theoretischen Unterricht, neben der Funkausbildung und dem Beherrschen aller Q-Gruppen hauptsächlich Navigation, Astronavigation, Technik sowie Blindflug- und Blindlandeverfahren mit laufenden Testen und einer großen Abschlußprüfung. Am 15. November 1943 ging es dann los mit der Fliegerei. Als Schulmaschinen wurden im Wechsel Ju 88, He 111, Siebel 204 und Ju 52 angeboten. Die Fluggruppen wurden zusammengestellt. Sie bestanden aus je 4 Flugschülern, 4 Funkschülern und einem Fluglehrer und Funklehrer. Die Fluglehrer waren meistens gediente Lufthansakapitäne. Je ein Flugschüler bildete mit einem Funkschüler eine feste Besatzung, die für den späteren Fronteinsatz vorgesehen war. Der Flugdienst war ganztägig, und 3 x in der Woche nachts. Wetter spielte kaum eine Rolle, nur bei dichtem Nebel wurde nicht geflogen. Die Flugperioden waren je nach Luftfahrzeugmuster verschieden. Ju 88 und He 111 je 01:30 Std, Siebel 204 und Ju 52 je 04:30 Std, weil hier gleich 3 Besatzungen im Wechsel auf langen Flugstrecken eingesetzt werden konnten. Die Blindfliegerei, entweder im Dreck der Wolken oder hinter dem Vorhang, schlauchte ganz schön. Es war nicht nur das Fliegen dieser komplizierten und neuen anderen Maschinen, sondern das dauernde Kopfrechnen in Zusammenarbeit mit dem Funker vor allem bei den Blindlandeverfahren. Besonders die Nachtfliegerei bei schlechtem Wetter, das es reichlich gab, kostete Nerven und Schweiß und leider auch Tote. 3 Maschinen stürzten während der Ausbildung ab. Eine Ju 52 schmierte in der Kurve zum Endanflug vor der Landung ab, es gab 10 Tote und 2 Schwerverletzte, davon 2 Tote und 1 Schwerverletzter von meiner Stube. Eine Ju 88 und eine He 111 hatten im Schneegestöber bei der Landung zu früh Bodenberührung und explodierten nicht weit von der Landebahn entfernt, je 4 Tote. Das versetzte uns schon einen ganz massiven Schock, zumal sich diese Unfälle kurz vor Weihnachten ereigneten. Das Leben ging aber für uns weiter. Wenn nicht geflogen wurde, vertrieben wir uns die Zeit meistens mit Kartenspielen aller Art, denn militärische Weiterbildung gab es kaum. Das Lehrgangsende kam immer näher, es war bereits Januar 1944, da handelte ich mir zu allem Überfluß noch eine Disziplinarstrafe ein. Wir Flugschüler, zusammen etwa 30 Mann, mußten nach der morgendlichen Wetterberatung und der Flugeinteilung wegen Schlechtwetter im Aufenthaltsraum bleiben. Der Gruppenfluglehrer, ein Oberleutnant, beauftragte mich, da ich der dienstälteste Oberfähnrich war, aufzupassen, daß alles zusammenbleibt. Ich hatte noch nicht gefrühstückt und bat Hänschen Appels, für mich 10 Minuten aufzupassen, um mir aus der Kantine ein Brötchen zu holen. Ausgerechnet kam in meiner Abwesenheit der Oberleutnant zur Kontrolle und mußte feststellen, daß ich weg war. Obwohl Hänschen Appels beteuerte, daß er meinen Auftrag nur kurzfristig wahrnehmen würde und ich gleich zürückkäme, meldete mich der Oberleutnant unserem Staffelkapitän. Ich mußte mich mit Stahlhelm bei ihm melden. Ich betrat das Dienstzimmer und meldete mich wie befohlen. Der Staffelkapitän begann ernst zu sprechen: "Oberfähnrich Zebrowski, ich bestrafe Sie mit 4 Tagen verschärftem Stubenarrest, weil Sie den Befehl Ihres Gruppenfluglehrers, die Flugschüler zu beaufsichtigen, nicht ausgeführt haben, sondern zum Frühstück gegangen sind." Ende der Durchsage, kein Kommentar, ich verschwand und zog am nächsten Mittag für 4 Tage auf eine Stube, in der ich allein saß und keinen Besuch empfangen durfte. Da aber mein Geburtstag in die Arrestzeit fiel, ließen es sich meine Kameraden nicht nehmen, mir am 19. Januar einen großen Kuchen und ein paar Flaschen Wein zu bringen und mit mir zu feiern. Gottseidank hat es keiner gemerkt, sonst wären die Folgen wohl sehr unangenehm geworden. Kurz nach diesem Ereignis war der Lehrgang zu Ende und der neue Standort für die Frontverwendung wurde uns eröffnet.

Schnellkampfgeschwader 10

Es traf mich wie ein Keulenschlag. Ich hatte mich am 1. Februar bei der 4. Staffel der 1. Gruppe des Schnellkampfgeschwaders 10 (Nacht) in Le Mans/ Frankreich zu melden. Aus meiner Crew war ich der einzige, der dort hinkam. Hänschen Appels wurde in ein He - 177 - Geschwader versetzt. So mußte ich mich von dem letzten Kameraden aus der Rekrutenzeit trennen. Ich hatte keine Ahnung, was mich dort erwartete. Von einem Nachtschnellkampfgeschwader hatte ich noch nie etwas gehört. Ich erreichte jedenfalls wohlbehalten mit Sack und Pack den Flugplatz und meldete mich dort beim Staffelkapitän. Das erste Gespräch zur Aufklärung, wo ich war und was mich erwartete, öffnete mir erstaunt die Augen. Das Schnellkampfgeschwader 10 war ein Eliteverband der Luftwaffe, der auf Befehl des Führers Ende 1943 aufgestellt wurde, um den Luftangriffskrieg gegen England mit schnellen zu Bombern umgerüsteten Jagdmaschinen vom Typ Focke-Wulf 190 in Schwung zu halten, da die Bomber Ju 88 und He 111 wegen ihrer zu geringen Geschwindigkeit der feidnlichen Luftüberlegenheit nicht mehr gewachsen und die Verluste zu hoch waren. Die 4. Staffel in Le Mans hatte den Auftrag, uns fliegerisch auf die Frontverwendung vorzubereiten. Zuerst Umschulung auf Arado 96, Ausbildung im fliegerisch-gefechtsmäßigen Verhalten und Erlangen des Blindflugscheins III, eine neue Variante des Blindflugs auf einmotorigen und einsitzigen Jagdmaschinen. Mit mir waren noch 6 Neulinge angekommen, alles Oberfähnriche. Unsere Fluglehrer waren gestandene Einsatzpiloten mit Orden und Ehrenzeichen, die vom Frontverband abgestellt wurden, um sich unserer anzunehmen. Es ging hier alles sehr locker, frei und großzügig vor sich, nur Fliegen,

Einsatztaktik und Technik. Die Fliegerei war weniger schulmäßig als vielmehr wild und verwegen. Tiefstflug, Luftkampf, Kunstflug und dann noch Blindflug. Wenn wir nicht flogen, konnten wir machen, was wir wollten. Wir waren oft abends im "Mon cherie", einer Nachtbar in Le Mans. Man konnte dort essen und trinken, was das Herz begehrte. Geld hatten wir zur Genüge. Eine Jazzkapelle spielte täglich zum Tanz auf. Man kannte uns inzwischen, ein Tisch war immer reserviert. Wir legten dem Kellner jedesmal dezent einen 10-France-Schein aufs Tablett, um unserere Lieblingsmusik spielen zu lassen. Zur Überraschung der Franzosen bevorzugten wir amerikanischen Jazz, wie "Tiger Ragg", oder "In the Mood". Wir waren sehr beliebt und kamen in engen Kontakt zu den zivilen Gästen. Auch bei den Bardamen kamen wir gut an und ließen es uns nicht nehmen, auch einmal mit ihnen ins chambre separée zu gehen. An einem Abend in feucht-fröhlicher Runde wurden wir durch einen Fliegeralarm überrascht und rannten schnell zur Kaserne zurück. Wir konnten gerade noch rechtzeitig in die Splittergräben springen, als die ersten Bomben schon auf den Flugplatz fielen. Die Detonationen von den Einschlägen erhellten die Nacht. Wir waren sehr hilflos, da wir nie wußten, wo die Bomben hinfielen. Wir hatten Angst, daß wir so ein Ding auf den Kopf bekommen. Nach einer Stunde war gottseidank alles vorbei. Allerdings hatte eine Bombe unseren Wohntrakt getroffen und eine Außenwand unserer Stube, die ich mit Oberfähnrich Schüler teilte, aufgerissen. Bei dem Angriff in sternklarer Nacht war ein viermotoriger Lancaster-Bomber abgeschossen worden. Wir hörten ihn heulend ganz in unserer Nähe abstürzen und machten uns auf den Weg, nach der Absturzstelle zu suchen. Die Maschine lag an einem Waldrand. Es war totenstill, die Flächen und Triebwerke waren abgerissen, nur noch der Rumpf lag da. Mit

Taschenlampen gingen wir in das Innere und sahen dort die toten Besatzungsmitglieder. Es waren Kanadier, alles junge Burschen. Es war grausam und gespenstisch, wie friedlich, in sich zusammengesackt, sie in ihren Positionen saßen, der Heckschütze, die Piloten, der Funker, insgesamt 6 Mann. Der ganze Irrsinn des Krieges überkam uns. Wir stierten auf die Leichen dieser jungen so unschuldigen Menschen und konnten gar nicht fassen, daß sie nicht mehr lebten. Den Anblick werde ich nie vergessen.

Tours

Am 1. März ging es dann nach Tours an der Loire. Zu 7 Oberfähnrichen meldeten wir uns dort bei dem Umschulungskommando Fw 190. Verantwortlich für unsere Umschulung war ein Oberfeldwebel Janz, der schon auf uns wartete. Er wohnte in einem herrlichen Schloß oberhalb der Loire, etwa 10 km vom Flugplatz entfernt. Es war wie im Märchen, pompöse Aufenthaltsräume, jeder von uns bekam dort ein eigenes Zimmer, die Küche wurde von 2 Soldatenköchen unterhalten, um die Reinigung und Pflege des Schlosses und des Schloßgartens kümmerten sich französische Gärtner und Putzfrauen. Es war paradiesisch. Am nächsten Morgen fuhren wir zum Flugplatz und wurden in die Focke Wulf 190 eingewiesen. Fluglehrer brauchten wir nicht, da die Maschine nur für einen Mann vorgesehen war. Also wurde nur erklärt, wie man die Maschine bedient, welche Mucken sie hat und was man über Aerodynamik und Technik wissen muß. OFw Janz flog uns eine Platzrunde vor, wir staunten, wie kräftig die Maschine war, wie sie hochgerissen wurde und mit welcher enormen Fahrt sie aufgesetzt werden mußte; uns wurde Angst und Bange.

Die erste Unannehmlichkeit war, daß die großen langen Propeller an dem bulligen Sternmotor fast den Boden berührten. So hatten wir darauf zu achten, daß die Maschine beim Starten nie angedrückt werden durfte, um die Propeller nicht in den Boden zu hauen, und sich mit der Maschine nicht gleich zu überschlagen. Es mußte also in Dreipunktlage gestartet werden, d.h. so lange Fahrt am Boden aufgeholt und beschleunigt werden, bis der Auftrieb unter den Flächen die Maschine von selbst abhob. Dabei hatte man nach vorne keine Sicht, da der bullige Motor sie versperrte. Man mußte also die Richtung halten, indem man zur

Seite sah und sich an der Startbahnbegrenzung orientierte. Die Startstrecke war enorm lang, da die Maschine erst bei 160 - 170 km/h abhob, dann schoß sie jedoch durch die enorme Motorkraft steil nach oben. Man mußte nach dem Abheben schnell nachdrücken, um Fahrt aufzuholen, um nicht wie eine Rakete in den Himmel zu schießen und dann beim Strömungsabriß nach hinten abzurutschen und wie ein fauler Apfel herunterzufallen. Theoretisch war also alles klar für den ersten Alleinflug. Nun hieß es, Nerven zu behalten und die Theorie in die Praxis umzusetzen. Ich war als erster dran, den Versuch zu wagen. Das Anrollen ging gut, bei der Startbeschleunigung hatte ich mich voll auf die Einhaltung der Richtung konzentriert. Ich merkte, wie sich die Maschine vom Boden abhob. Als ic nachdrücken wollte, war ich plötzlich schon in 200 m Höhe. Ich drückte den Steuerknüppel ruckartig nach vorne, weil ich schon den Strömungsabriß fühlte. Ich holte Fahrt auf und war glücklich, wenigstens schon ohne Schaden in der Luft zu sein. Das Fahrwerk und die Landeklappen wurden eingefahren. Nun wurde die Platzrunde geflogen, 400 km/h gehalten, und aus 500 m Höhe zur Landung angesetzt. Fahrwerk raus, Landeklappen raus, Fahrt auf 250 km/h zurück und Richtung halten bis zum Aufsetzpunkt. Nach zwei Fehlversuchen und neuerlichen Platzrunden klappte es endlich beim dritten Mal. Es kostete Schweiß, aber ich war froh, es geschafft zu haben. Von Platzrunde zu Platzrunde wurde es besser und nach 10 Starts und Landungen hatte ich den Bogen raus und fühlte mich sicher. Wir konnten uns nun an schwierigere Manöver heranwagen. Wir trainierten eifrig, um die Maschine kennenzulernen, auszufliegen und die Eigenarten zu erproben. Leider hatten wir in dieser ersten Phase schon die ersten Ausfälle.

OFR Demski fing bei der Landung zu hoch ab, das Fahrwerk brach, die Maschine überschlug sich und der arme Kerl war, als wir ihn aus der Maschine geborgen hatten, querschnittsgelähmt. Als zweiter kam OFR Ladewig ums Leben. Er schmierte beim Einkurven zur Landung ab, die Maschine bohrte sich in den Boden und explodierte.

Bei den Erprobungsflügen mußten wir auf 10 000 - 12 000 m gehen, um die Flugeigenschaften in dünnen Luftschichten kennenzulernen. Man mußte dort oben sehr vorsichtig sein, um nicht durch zu harte Steuerausschläge abzukippen. Beim Verlassen der Höhe war äußerste Vorsicht geboten, damit man im Gleitflug nie mehr als 800 km/h am Tachometer hatte. Einer wagte mehr und konnte die Maschine aus dem Sturzflug nicht mehr abfangen. Er stürzte fast senkrecht auf uns zu, verlor unterwegs Verkleidungsstücke seiner Maschine, wir warfen uns zu Boden, um nicht erschlagen zu werden. Wir sahen kurz vor dem Aufschlag sein Gestikulieren in der Kanzel, dann gab es eine Riesendetonation wie bei einem Bombeneinschlag. Ein großer Krater hatte die Maschine verschluckt. Außer ein paar Einzelteilen des Motors und der Maschinengewehre war nichts mehr zu finden. Es war tragisch. Wir füllten später etwas Erde von der Unglückstelle in einen Sarg, um unseren Kameraden in Gedanken beizusetzen. Wir waren also nur noch 4, die weitermachten. Nach der Ausbildung im Bombenwerfen und Schießen mit den Kanonen und MG's folgte als letzte Phase die Nachtausbildung, zu der wir mit unseren Maschinen nach Cognac verlegten. Hier hätte es mich beinahe erwischt. Es war eine stockfinstere Nacht, am Boden waren außer der Flugplatzbefeuerung nur ganz wenige beleuchtete Bezugspunkte zu erkennen. Nach dem Start und Abheben sah ich plötzlich ein kleines Licht in rasender Geschwindigkeit auf mich zukommen, ich hatte einen Vertigo, der kalte Schweiß stand mir auf der Stirn, ich war wie gelähmt und erschrocken und riß in meiner Verzweiflung den Steuerknüppel an den Bauch. Ich wurde mit meinem ganzen Körpergewicht in die Sitzwanne gedrückt, kam dann wie durch ein Wunder wieder zu mir und befand mich in Rückenlage in ca. 2000 m über dem Flugplatz. Ich bemerkte es dadurch, daß über mir statt des Himmels die Startbahnbeleuchtung war. Ich brachte die Maschine durch eine Rolle in Normallage und landete sicher, aber zitternd vor Aufregung. Als ich aus der Maschine stieg, kamen meine Kameraden auf mich zu, umarmten mich und gratulierten mir zur Wiedergeburt. Sie hatten das ganze Spektakel beobachtet und auf den Aufschlagbrand gewartet. Der Feuerwehrwagen war schon alarmiert und in Marsch gesetzt worden. Sollte das ein gutes Omen für ein langes Leben sein? Wir vier übriggebliebenen beendeten jedenfalls ohne weitere Vorkommnisse die Umschulungsphase auf der Fw 190 und wurden Anfang April 1944 zum Verband nach Roye südlich Amiens in Marsch gesetzt.

Der Traum von Ehre, Ruhm und Orden

Wir meldeten uns beim Gruppenkommandeur des 1./ Schnellkampfgeschwaders 10 (Nacht), Hauptmann Dahlmann. Die Gruppe verfügte über 3 Staffeln. Jede Staffel war ausgelegt für 12 Focke-Wulf 190 und 12 Flugzeugführer. Ich wurde mit OFR Schüler der 2. Staffel zugeteilt. Mein Staffelkapitän, Lt Stürmer, übertrug mir in Nebenfunktion die Stellung eines Technischen Offiziers, eine Aufgabe, die der jeweils jüngste Offizier der Staffel wahrzunehmen hatte. Ich löste einen OFR Köppel ab, der das Amt seit 6 Wochen bekleidete. Die ganze Gruppe machte einen sehr stolzen und elitären Eindruck. Ritterkreuze, Deutsche Kreuze in Gold und Eiserne Kreuze zierten die Uniformen der Piloten. Wir wurden in das Unternehmen eingehend eingewiesen und lauschten ehrfürchtig den Erlebnissen der Kriegshelden, wie sie von den Englandeinsätzen, den Gefahren und Verlusten sprachen. Es gab bislang kaum einen Einsatz, von dem alle Piloten zurückgekehrt sind. Der Auftrag, englische Städte bei Nacht zu bombardieren, könne nur dann durchgehalten werden, wenn die Verlustrate an Maschinen und Piloten durch Neuzugänge ausgeglichen würde. Man müsse zusehen, daß in jeder Staffel mindestens 9 Besatzungen einsatzklar seien. In der Vergangenheit hat sich gezeigt, daß der Schnitt eines Piloten bei 6 Einsätzen lag, bevor er abgeschossen wurde. Diese kurze Lebensdauer verlangte, daß täglich im Schnitt nur 4 - 6 Maschinen eingesetzt werden konnten, um nicht innerhalb eines Monats personell völlig aufgerieben zu werden. Es war natürlich klar, daß wir uns bei dieser kurzen Lebenserwartung genauestens über Taktik, Flugverhalten, Flughöhen, Flugrouten, Feindabwehr durch Flak, Nachtjäger und Scheinwerfer bei den alten Hasen informierten, um die

Überlebenschance zu erhöhen. Dieses Himmelfahrtskommando brachte es mit sich, daß die äußeren Lebensumstände optimal gehalten und wir sehr verwöhnt wurden. Es fehlte an nichts, wir lebten in Schlössern, hatten zu trinken und zu rauchen, aßen à la carte, hatten hervorragende Köche und jeder einen Burschen. Fahrer, Autos und Motorräder konnten bei Bedarf benutzt werden. Das ganze ließ in uns Gedanken an die Kamikazeflieger Japans aufkommen, denen das Leben vorm Tod noch versüßt werden sollte. Man schüttelte diese Gedanken aber schnell ab, weil es ja letztenendes an jedem einzelnen lag, wie er Können und Glück in seine Überlebenschance umsetzt. Wir waren jedenfalls sehr stolz, diesem Eliteverband anzugehören. Wir glaubten an ein Heldentum, verpflichtet dem Führer, Volk und Vaterland, und wollten alles tun, den Krieg noch zu gewinnen.

Wir träumten von Ehre, Ruhm und Orden. Das waren Motivationen, die Berge versetzen konnten und alle Angst und Furcht in den Hintergrund drängten. Ich fing an, mich wohlzufühlen. Es war auf unserem Flugplatz Rosieres bei Roye. Mir wurde eine Maschine zugeteilt, die mir nun ganz alleine gehören sollte, die "Rote 2". Rot war die Farbe der 2. Staffel, weiß die der 1. und gelb die der 3. Staffel. OGefr Fritz Kühl, ein untersetzter, kräftiger Urberliner, ein Unikum, 6 Jahre Soldat, ein alter Haudegen, der schon viele Piloten hat kommen und gehen sehen, empfing mich als zuständiger Flugzeugmechaniker. Obwohl er einen äußerst unmilitärischen Eindruck in seiner verdreckten und verölten Arbeitskluft machte, war er mir sehr sympathisch, nicht weil er wie ich Berliner war, sondern weil er soviel Ruhe, Gutmütigkeit, Gelassenheit und Vertrauen ausstrahlte. Es entwickelte sich schon in den ersten Gesprächen eine Zuneigung, die nach kurzer Zeit zu einer echten Freundschaft wurde. Ich merkte, daß er seine Maschine über alles liebte und umsorgte und mich in diese Liebe und Sorge mit einschloß. Jedesmal, wenn ich ihn begrüßte und ansprach, drückte er mir bewegt und fest die Hand, als wolle er sagen, ich vertraue Dir eine mit meinem Herzen geliebte und mit viel Arbeit gepflegte Maschine an, mach's gut mein Junge, daß Du mit ihr viele Einsätze fliegst und immer wieder gesund zurückkommst. Was in meiner Macht steht, will ich tun.

OGefr Kühl war ein Vorbild an Fleiß und Treue. Von früh morgens bis spät abends war die "Rote 2" sein Lebensinhalt. Er wollte sie jetzt für mich, seinen Piloten, maßschneidern. Die Lederkombination, die Schwimmweste, das Schlauchboot, der Fallschirm, die Überlebensutensilien, Leuchtmunition und Leuchtpistole, womit ich für die Flüge ausgerüstet wurde, nahmen so viel Platz in Anspruch, daß es auf jeden Zentimeter Bewegungsfreiheit und Bequemlichkeit in der engen Pilotenkanzel ankam, um alle Hebel und Knöpfe ohne große Verrenkungen erreichen und handhaben zu können. Der erste Tag diente nur der Anpassung von Pedalen und Sitzwanne und erforderte etliche Anproben am Boden, aber auch die Bestätigung im Fluge. Ich fühlte mich am Ende sehr wohl und sicher in diesem Donnervogel und war eigentlich sehr zuversichtlich. Die Maschine lag mir auch gut in der Hand und der Motor hatte einen sauberen gleichmäßigen und ruhigen Klang, zu dem ich Vertrauen hatte. Fritz Kühl hatte die Unebenheiten an der Außenzelle an den Nieten in Eigeninitiative leicht gespachtelt und die ganze Maschine gewachst, um sie noch etwas schneller zu machen. Ich hatte natürlich auch etwas anderes zu tun, als mich nur um meine Maschine zu kümmern. Als Technischer Offizier sollte ich den technischen Ablauf der Staffel überwachen, d.h. die ganzen Wartungs- und Instandsetzungsarbeiten, die Bombenbevorratung und -ausrüstung, die Funktionsfähigkeit der Bordkanonen und -maschinengewehre und der Funkgeräte. Meine Fachkenntnisse waren in diesem

Anfangsstadion alles andere als umfassend. Gottseidank standen mir aber ein unwahrscheinlich versierter alter Oberfeldwebel als Oberwerkmeister und hervorragende Techniker aller Spezialbereiche zur Seite, die mich in meinem Job einwiesen und mir kameradschaftlich halfen, daß ich mich in meine Aufgabe schnell einarbeiten konnte.

Erster Feindflug

Am 4. Tag meiner Zugehörigkeit zum Verband durfte ich dann endlich zum ersten Mal an einem Feindflug teilnehmen. Unsere Gruppe hatte den Auftrag, nachts um 01.00 Uhr mit 12 Maschinen "im Großeinsatz" London zu bombardieren. Die Besatzungen versammelten sich um 21.00 Uhr auf dem Gefechtsstand zur Befehlsausgabe. Der Kommandeur gab den Auftrag bekannt. Der 1 C, Major Sarre-Noel, trug die Feindlage vor, dann kam der Nachrichtenoffizier, Oberleutnant Hoyer, mit der Bekanntgabe aller Funkverbindungen, Frequenzen, Naviagationshilfen, Kennwörter und Ab- und Anflugverfahren zu Wort. Unser Meterologe, Oberregierungsrat Kühn, wies uns in das Wetter ein und als letzter sprach der 1 A, Hauptmann Hildebrandt. Er gab alle Einzelheiten über den Ablauf der Operation bekannt. Ich sollte als 13. Maschine außer Konkurrenz nur mitfliegen und mir die Sache ansehen, um mich an das Flakfeuer und die Scheinwerfer zu gewöhnen und die Ausleuchtung und Markierung der Bombenziele zu beobachten. Man nannte das "Warnfahrereinsatz". Er wurde jedem Frischling vor der ersten echten Feuertaufe zugestanden. Ich hatte keine Bombe an Bord und war so natürlich auch etwas beweglicher. Ich konnte mich frei bewegen und war ungebunden. Als meine Maschine zum Start rollte, war ich sehr ruhig und konzentriert. Ich hatte meine Sauerstoffmaske angelegt, schraubte mich auf 8000 m Höhe in die stockfinstere Nacht bei klarem Sternenhimmel in Richtung Boulogne. Unter mir lag die nordfranzösische Küste, schräg vor mir der Kanal. Plötzlich erhellten an der englischen Kanalküste die ersten Scheinwerferstrahlen die stille schwarze Nacht. "Aha" dachte ich, "jetzt haben unsere Maschinen, die vor mir gestartet waren, die englische Küste überflogen." Ich pirschte mich in meiner Höhe von 8000 m an das englische Festland heran und fühlte mich in meiner Maschine sehr sicher und geborgen. Außer dem gleichmäßigen Brummen des Motors war alles ganz ruhig, auf allen Funkfrequenzen herrschte Totenstille.

Plötzlich hörte ich in meinem Kopfhörer die Meldung: "Achtung, an alle Bananen, Indianer über Kantine". Banane war unser Deckname, Indianer waren feindliche Nachtjäger und Kantine bedeutete Zielgebiet. Es hieß also aufpassen, daß nicht so eine Mosquito, wie die englischen Typen hießen, sich hinter einen setzte, um in Abschußposition zu kommen. Wir sollten, so hatten uns die alten Hasen gelehrt, nie stur geradeausfliegen, sondern immer im Abstand von 1 Minute rückartig Haken schlagen und kurzfristig in eine andere Richtung fliegen. Dadurch konnten wir selbst sehen, ob einer hinter uns hing, und verhindern, daß die Tommys uns ruhig ins Visier nahmen. Nach hinten konnten wir ja nicht schießen. Ich befolgte diese Flugtaktik, um nicht unliebsam überrascht zu werden. Aus den Erfahrungen der alten Englandpiloten wußte ich, daß um London drei große Sperrgürtel mit Flak und Scheinwerfern aufgebaut waren, die man durchfliegen mußte. Als ich ungefähr 30 km südlich London war, konnte ich mich wirklich warmfahren in den Scheinwerferstrahlen und den detonierenden Flakgranaten. Es war zwar ein unangenehmes Gefühl, aber Angst, daß mir etwas passieren könne, überkam mich nicht. Ich hatte meine Höhe bis auf 6000 m verlassen, um mehr Geschwindigkeit zu haben und trotzdem noch aus dem direkten Gefahrenbereich der mittleren Flak zu sein. Auch ein Scheinwerferstrahl, der mich kurzfristig erfaßte, aber wieder verlor, brachte mich nicht aus der Fassung. Es war eine Minute vor 01.00 Uhr, gleich mußten die Beleuchter vom Kampfgeschwader 51 ihre Christbäume und Bodenmarkierungen setzen. Punkt 01.00 Uhr war es dann soweit. “Mann”, dachte ich, “das ist ja wie Silvester”. Die Leuchtbomben platzten am Himmel auseinander und unzählige Leuchtkörer in allen Farben rieselten segelnd an Fallschirmen auf London herab und vermischten sich mit den detonierenden Flakgranaten und den Scheinwerferstrahlen, die den Himmel absuchten. Es sah gespenstisch aus. Unten am Boden explodierten in einem Londoner Stadtteil Brand- und Phosphorbomben und zeigten den Piloten, wo sie ihre Bomben abladen mußten. Ich hielt mich einige Minuten noch südlich von London auf, um dann meinen Rückflug anzutreten. Nach der Landung empfing mich Fritz Kühl, der am Startbahnende wartete und mich mit einer Taschenlampe einwies. Ich rollte zur Abstellbox und stieg aus, Fritz Kühl gratulierte mir mit einem festen Händedruck. Anschließend versammelten sich alle, die am Einsatz teilgenommen hatten, zur Nachbesprechung und Berichterstattung auf dem Gefechtsstand. Leider waren zwei Kameraden nicht vom Feindflug zurückgekehrt. Der Soldatensender “Calais” meldete noch am gleichen Abend ihren Absturz südlich von London beim Versuch, eine Scheinwerferstellung durch Bordwaffenbeschuß zu vernichten. Wir nahmen die Nachricht mit Bedauern zur Kenntnis und gedachten ihrer bei einem Glas Sekt. Nach zwei Ruhetagen wegen einer Schlechtwetterperiode verlegten wir auf Befehl der Luftflotte nach Dinard, einem Flugplatz bei St. Malo direkt an der Atlantikküste. Es sollte mein erster echter Feindlug werden. Wir trafen uns abends wie üblich im Gefechtsstandsbunker zur Lagebesprechung und Befehlsausgabe. Angriffsziele waren diesmal die Städte Weymouth, Portsmouth und Brighton. Ich erhielt den Auftrag, nach Weymouth zu fliegen, zwei weitere Maschinen nach Portsmouth und eine nach Brighton, das ganze in einer ersten Welle mit Angriffszeit 24.00 Uhr. Zwei weitere Wellen waren in Abständen von je zwei Stunden in gleicher Stärke mit gleichem Ziel vorgesehen. Ich machte äußerst gewissenhaft meine Flugvorbereitung, überprüfte noch einmal die ganze Seenotausrüstung, denn der Flugweg über den Kanal war länger als von Calais nach Dover. Nach dem Start schraubte ich mich über der französischen Küste bis auf eine Höhe von 10 500 m. Die 500 kg-Bombe unter dem Rumpf und die beiden 300-Liter-Zusatzbehälter unter den Flächen schränkten die Beweglichkeit der Maschine erheblich ein. Ich war in dieser Höhe an der absoluten Leistungsgrenze, die Maschine war butterweich und vertrug bei einer Fahrtanzeige knapp unter 300 km/h nur ganz vorsichtige Steuerausschläge, um nicht abzuschmieren. Mein Kurs führte mich auf Cherbourg, wo im Absatand von 1 Minute Flakleuchtgranaten als Navigationshilfe in den Himmel geschossen wurden. Nach Überflug Cherbourg gab ich langsam meine Höhe bis auf 8000 m auf, um die Geschwindigkeit zu erhöhen und so gegen Nachtjäger sicherer zu sein. Es war unheimlich, so alleine in der Stille der Nacht Richtung England zu fliegen. Tief unter mir konnte ich die Schaumkronen des Kanals erkennen und über mir leuchteten die Sterne am dunklen Himmel. Der Motor lief ruhig und gleichmäßig und verlieh mir ein Gefühl absoluter Sicherheit. Meine Gedanken waren zu Hause bei meinen Eltern, die sicherlich schon schliefen, während ich mich hellwach und voller Spannung auf mein Unternehmen konzentrierte. Plötzlich erkannte ich schräg unter mir die Konturen der Kreideküste, meine Höhe betrug noch 6000 m. Ich warf die Zusatzbehälter ab, um die Manövrierfähigkeit zu erhöhen, da gingen auch schon auf dem Festland die ersten Scheinwerfer an und suchten den Himmel ab. Ich wußte, daß sie nur mir gelten konnten, denn außer mir konnte ja keiner weit und breit in der Luft sein.

Beim Überflug der Küste wurde die Scheinwerfertätigkeit aktiver und die ersten Flakgranaten platzten in meiner

Nähe auseinander. Einige wenige Lichter am Boden verrieten mir, daß ich über Weymouth sein mußte. Mein Auftrag war, mich 15 Minuten über der Stadt aufzuhalten, um den Eindruck zu erwecken, daß außer mir noch weitere Maschinen in der Luft sind. Zweck war es, die Flak und Scheinwerfer zu aktivieren und den Fliegeralarm mit seinen Folgen ablaufen zu lassen, eine Art psychologische Kampfführung gegen die Zivilbevölkerung. Nach Ablauf meiner Wartezeit ließ ich die Bombe mitten in die Stadt fallen. Gespannt wartete ich auf die Detonation. Plötzlich wurde die Finsternis am Boden in einen grellen Feuerschein verwandelt. Stichflammen entwickelten sich und lösten ein loderndes Feuer aus, das durch weitere Explosionen immer größer wurde. Ich hatte den Eindruck, einen Gasboiler getroffen zu haben, so hell wurde es. Ich hielt mich noch eine Weile auf, um meinen Treffer genau zu beobachten. Es war ein echtes Erfolgserlebnis, mit dem ich zufrieden auf Heimatkurs ging. Unter mir wieder die englische Küste, hinter mir noch suchende Scheinwerfer und lodernde Flammen von meiner Bombenexplosion. Ich ging auf 5000 m, hatte über 400 km/h Geschwindigkeit, pfiff unbekümmert ein Liedchen, dachte an die Landung in Dinard und die Glückwünsche zum überstandenen ersten Feindflug. Es war ungefähr in der Mitte des Kanals, vor mir konnte ich schon die Flakleuchtgranaten von Cherbourg erkennen, als plötzlich mein Motor anfing zu stottern. Ich war zu Tode erschrocken, als die Leistung wegging und die Zündung aussetzte. Die Maschine verlor sofort an Höhe, ich konnte sie nur noch mit der überschüssigen Fahrt im Gleitflug halten. Todesangst überkam mich, unvorstellbar, sterben zu müssen, denn ein Absprung mit dem Fallschirm bedeutete das sichere Ende meines Lebens. Die Chance, im Wasser gerettet zu werden, war gleich null. In Sekundenschnelle lief mein ganzes Leben ab, ich schrie nach meiner Mutter, ich wollte weinen, konnte es aber nicht. Jetzt hieß es, trotz alledem klaren Kopf zu behalten und die richtige Entscheidung zu treffen. Ich überprüfte alle Sicherungen, nichts tat sich, ich trommelte in meiner Verzweiflung mit den Fäusten gegen das Instrumentenbrett und alle Hebel, wieder nichts, ich war inzwischen auf 1000 m und hatte jetzt nur noch die Wahl zwischen dem Fallschirmabsprung oder dem Tod durch Aufprall im Wasser. Ich schnalle mich los, wollte gerade das Kabinendach abwerfen, als der Motor wie durch ein Wunder anfing zu blubbern und zündete. Mein Höhenmesser zeigte noch 500 m an. Ich war wie gelähmt und konnte alles gar nicht fassen. Mein Gehirn versuchte, zu rekonstruieren, was sich getan hatte. Eine Unaufmerksamkeit, sicher aus Freude über meinen gelungenen Bombenabwurf, hätte mich beinahe das Leben gekostet. Ich hatte den Brandhahn nicht umgeschaltet, um den Kraftstoff vom hinteren Tank über den mittleren zum vorderen Tank zu pumpen. Der vordere Tank war leer und dadurch die Kraftstoffzufuhr zur Einspritzpumpe des Motors unterbrochen. Ich hatte unbewußt beim Trommeln meiner Fäuste gegen die Hebel am Instrumentenbrett den Brandhahn in die richtige Stellung gebracht. Das war das erste Wunder eines nun folgenden langen Fliegerlebens mit 144 Feindflügen.

Mein nächster Feindflug führte mich nach Portsmouth. Diesmal war es das Wetter, das mich fast umbrachte. Als ich die französische Kanalküste erreichte und mich in einer Flughöhe von 6000 Meter befand, stieß ich in eine nicht vorhergesagte Gewitterfront. Die Blitze durchzuckten die schwarze Wolkensuppe, meine Maschine wurde durch eine wahnsinnige Turbulenz so durcheinandergeschüttelt, daß ich dachte, der Kasten bricht jeden Moment auseinander. Die Anzeigen von Variometer, Fahrt- und Höhenmesser flackerten wie verrückt. Alle Versuche, die Instrumente zu stabilisieren, schlugen fehl. Ich hatte einen Vertigo und wußte nicht mehr, wo oben und unten war, ob meine Maschine auf dem Kopf stand oder noch normal flog. Es war ein ständiger Versuch, den Steuerknüppel krampfhaft in Neutralstellung zu halten und ein fast aussichtsloser Kampf mit meiner "Roten 2". Ich wollte ihr mit aller Gewalt meinen Willen aufzwingen. Auf die Instrumente war kein Verlaß mehr. Ich spielte mit dem Gedanken, die Zusatzbehälter und die Bombe abzuwerfen. Nein, dachte ich, Du mußt hier durch, gleichgültig wie. Dein Auftrag ist Portsmouth und nichts anderes. Ich versuchte, hier aus dem Dreck rauszukommen. Ich schloß für einen Moment die Augen, um mich zu sammeln und zu konzentrieren. An fliegerische Gefühle durfte man sich nicht klammern, denn die trogen. Einzig und allein kam es darauf an, das Variometer, Kugel und Pinsel einigermaßen in meine Gewalt zu kriegen. Es gab nur eins, steigen, langsam steigen, um über dem Gewitter den Sternenhimmel zu erreichen. Die Minuten verrannen wie eine Ewigkeit, ich gab mir Sauerstoffspritzen, um klaren Kopf zu behalten. Endlich, der Kampf ums Überleben hatte sich gelohnt, Wolkenfetzen, einzelne Sterne über mir, nun noch etwas Höhe gewinnen, dann ist es geschafft. Es war geschafft, 8500 Meter zeigte der Höhenmesser an, ich zitterte am ganzen Körper. Eine Naturgewalt war besiegt. Als ich die englische Küste erreichte, war alles wieder klar, herrliche Sichten, messerscharf die Konturen und unter mir Portsmouth. Flak und Scheinwerfer suchten den Himmel ab. Ich ließ meine Bombe in die Stadt fallen und flog zurück. Das Gewitter war nach Osten abgezogen. Ich drückte die Maschine bis auf 200 Meter übers Wasser, vor mir wieder die französische Küste. Jetzt konnte mir eigentlich nichts mehr passieren. Das war aber ein Irrtum, plötzlich schoß die deutsche 2 cm-Flak auf mich, gottseidank aber verdammt schlecht. Die dachten wohl, einen Tommy im Visier zu haben. Ich riß die Maschine nach links und feuerte aus meiner Leuchtpistole Erkennungsmunition ab. Die Flak schwieg, ihr Gewissen bestimmt nicht.

Daß man als Pilot nicht nur am Himmel, sondern auch am Boden in Lebensgefahr schwebt, das zeigte mir der 14. Mai 1944. Als Technischer Offizier hatte ich routinemäßig die Vorbereitungen für einen geplanten Nachteinsatz zu überwachen. Es war nachmittags, die Techniker waren damit beschäftigt, die Maschinen klar zu machen, die Bomben und Zusatzbehälter unter die Rümpfe zu hängen, die Gurte der Kanonen und Maschinengewehre aufzumunitionieren sowie die Funkgeräte zu überprüfen, als überraschend zwei Thunderbolts heulend vom Himmel abkippten. Jeder rannte so schnell er konnte, um sich in eine nächstgelegene Deckung zu schmeißen. Mit meinem Oberwerkmeister und drei Mechanikern warf ich mich hinter unsere Technikerbaracke, als auch schon die ersten Geschosse prasselten, die uns buchstäblich um die Ohren flogen und in unmittelbarer Nähe einschlugen. Wie durch ein Wunder wurde keiner von uns verletzt. Als wir vorsichtig aus der Deckung kriechen wollten, gab es zwei kurz hintereinander folgende Bombendetonationen. Aufwirbelnde Steine mit Rauch und Dreck vermischt hätten uns beinahe erschlagen. Als die Amis abdrehten, schrie ich, so laut es ging: “Ab in die Splittergräben.” Mit ungefähr 20 Mann hockten wir wenig später in unseren Löchern. Wir stellten fest, daß OGefr. Meierling, der Bordmechaniker der “Weißen 7”, nicht bei uns war. Wer hatte ihn zuletzt gesehen? Die “Weiße 7” stand in einer überdachten Abstellbox, hinter der Technikerbaracke. Auf dem Bauch kriechend, verließ ich meine Deckung und suchte die Abstellbox die nicht mehr da war. Ein Volltreffer hatte sie zerstört. Stattdessen zogen leichte Rauchschwaden aus einem Trümmerhaufen. Meierling mußte, wenn er nicht ums Leben gekommen war, verschüttet sein. ich kroch in den Splittergraben

Tagsüber wurden unsere Einsatzmaschinen am Waldrand des Flugplatzes zum Schutz gegen feindliche Luftaufklärung gut getarnt abgestellt. Auf dem Bild meine „Rote 2" auf dem Feldflugplatz an der Cher bei Tours/ Frankreich.

Die letzten Vorbereitungen zum Feindflug. Unsere Bombenwarte bringen unter dem Rumpf der Focke-Wulf 190 eine 500-kg-Sprengbombe an.

Generalfeldmarschall Sperrle beim Truppenbesuch unserer Gruppe in Rosières. Er begrüßt unseren Kommandeur, Major Kurt Dahlmann.

Generalfeldmarschall Sperrle im Gespräch mit Major Dahlmann und den Staffelkapitänen.

Major Dahlmann im Kreis seiner „Jünger".
Von rechts: Oblt Stürmer, Oberfähnrich Zebrowski,
Oberfähnrich Leupold, Feldwebel Seidel.
Juli 1944 in Frankreich.

Wolfgang Zebrowski als junger Leutnant 1944.

Wir beiden Unzertrennlichen:
(v. l.) Heribert Batz und Wolfgang Zebrowski

Major Dahlmann bei der Trauerrede für einen gefallenen Piloten, den wir auf dem Soldatenfriedhof in Tours zu Grabe trugen. Wie auch hier mußte ich oft an den Särgen gefallener Freunde Ehrenwache stehen.

Das Offizierkorps des 1. SKG 10 (Nacht), aufgenommen im November 1944 in Bonn-Hangelar. In der Mitte mit Ritterkreuz Major Dahlmann, links außen Hptm Eberspächer, 2. von links Oberfähnrich Batz, 2. von rechts Leutnant Wolfgang Zebrowski.

Die Republic P-47 D-25 „Thunderbolt" wurde von der US-Luftwaffe als Langstreckenjäger und Jagdbomber eingesetzt. Sie ähnelte äußerlich der deutschen Focke-Wulf 190, war jedoch kompakter mit ihrem Fluggewicht von 6610 kg. Ein 2000 PS starker Pratt & Whitney-Doppelsternmotor gab ihr die Kraft, um Geschwindigkeiten über 500 km/h zu erreichen. Mit acht 12,7-mm-MG's und 1000 kg Bombenzuladung war sie äußerst kampfstark. Wir merkten es bei dem Tiefangriff auf unseren Flugplatz in Rosières, bei dem zwei von ihnen großen Schaden anrichteten und zwei meiner Kameraden töteten.

Das waren sie, die Loockheed P-38 „Lightnings", die uns an der Kanalküste begegneten, ohne daß es zum Luftkampf kam.
Die Lightning wurde als Langstreckenjagdbomber der US-Luftwaffe an der Westfront eingesetzt. Mit einer 20-mm-Kanone, vier 12,7-mm-MG's ausgerüstet, konnte sie eine Bombenlast von fast 2000 kg tragen. Mit zwei 1425 PS starken Allison-Motoren erreichte sie auf dem Gefechtsfeld Geschwindigkeiten um 500 km/h.

zurück, um eine Rettungsaktion vorzubereiten, als eine Riesendetonation die Erde erschütterte. Ich traute meinen Augen nicht, als plötzlich Feldwebel Jennsen, unser Bombenwart, stöhnend zusammenbrach und tot vor meinen Füßen auf dem Rücken lag. Die linke Seite seiner Brust war abgerissen, das Herz lag frei und die Wunde füllte sich schnell mit dunklem Blut. Wir konnten den Vorfall gar nicht fassen. Es ging alles so wahnsinnig schnell. Wie konnte das geschehen? Jennsen mußte sich für einen Augenblick im Splittergraben aufrecht hingestellt haben, als ihn bei der Detonation ein Stahlstück einer Bombe tödlich traf. Wir kauerten noch eine Weile in unserer Deckung, sahen uns fassungslos an, und bemühten uns um den toten Kameraden, dem wir nicht helfen konnten. Als sich die Lage beruhigt hatte, verließen wir den Splittergraben und versuchten, den ganzen Vorfall zu rekonstruieren. Die Amis hatten mit einer Bombe die Abstellbox der "Weißen 7" zum Einsturz gebracht und die Maschine unter den Trümmern verschüttet, als Meierling damit beschäftigt war, die Bombe für den Nachteinsatz festzuschrauben. Schwelendes Feuer unter den Trümmern hatte dann die Bombe gezündet und die zweite Detonation verursacht. Von einem Splitter dieser Bombe muß Fw Jennsen tödlich getroffen worden sein. Von Meierling und seiner "Weißen 7" war nur noch wenig zu finden.

Sonderauftrag Charlaroi

Es war am 25. Mai, hinter mir lagen inzwischen weitere 4 erfolgreiche Nachteinsätze gegen Bournemouth, Plymouth, Brighton und London und ich fühlte mich schon als alter Hase. Am Nachmittag erhielt ich von meinem Kommandeur den Auftrag, mit unserer Me 108, die ihm als Verbindungsflugzeug zustand und normalerweise nur von ihm geflogen wurde, Ersatzteile nach Charlaroi zu bringen, um eine dort bei der Landung beschädigte Einsatzmaschine wieder instandzusetzen. Ich war über diesen Auftrag gar nicht glücklich, erstens hatte ich noch nie eine Me 108 geflogen und zweitens war dieses Luxusflugzeug liebstes Kind unseres Kommandeurs. Meine Bedenken, die ich vorbrachte, wurden mit der Bemerkung zerstreut: “Lassen Sie sich von Fw Krämer, dem Mechaniker der Maschine, einweisen, der mit Ihnen fliegt.” Ich suchte Fw Krämer auf. Er war ein erfahrener Techniker und kannte sich auf der Me 108 aus. Ich ließ mir alles ganz genau erklären: Start- und Landegeschwindigkeiten, Fahrwerk- und Landeklappenbedienung sowie sonstige Besonderheiten. Wegen starker feindlicher Lufttätigkeit bekamen wir allerdings keine Startgenehmigung und mußten warten. Meine Befürchtungen, nicht mehr bei Helligkeit in Charlaroi sein zu können, wurden wahr, als wir erst bei einsetzender Dämmerung losgelassen wurden. Die Maschine hatte zu allem Unglück weder Funk- noch Navigationshilfen. Ich wurde von dem Flugbefehl aber nicht entbunden. Ich hatte mir einen Strich auf der Karte eingezeichnet, die Zeitetappen eingetragen und mir die Strecken genau eingeprägt. Der Start klappte gut, wir gingen auf Kurs, als es zu allem Überfluß noch zu regnen anfing. Die Dunkelheit nahm zu, ein Franzen war nur noch schwer möglich. Ich war aufgeregt und hoffte auf meinen guten Stern. Nach der Zeitberechnung mußten wir gleich in Charlaroi sein, als ich plötzlich vor mir einige Lichter sah. Ich atmete erleichtert auf. Das mußte das Zielgebiet sein. Ich flog in den Norden der unter mir liegenden Stadt, um den Flugplatz zu suchen, der bei meiner Annäherung die Startbahnlichter, wie abgesprochen, anmachen sollte. Es geschah aber nichts, Meine Aufregung steigerte sich natürlich. Ich kurvte ca. 30 Minuten in der finsteren Nacht über dem Gebiet des von mir vermuteten Flugplatzes und schaltete meinen Scheinwerfer an, um auf mich aufmerksam zu machen. Als der Kraftstoff langsam zu Ende ging und ich keinen Flugplatz finden konnte, blieb mir nichts anderes übrig, als irgendwo im Gelände eine Notlandung zu machen, ein furchtbarer Gedanke, zumal ich die Maschine nur unzulänglich beherrschte. Wir suchten mit dem Scheinwerfer nach freien Wiesen und glaubten endlich ein geeignetes Notlandefeld gefunden zu haben. Wir versuchten, uns den Punkt, an dem wir aufsetzen wolten, einzuprägen, was ungeheuer schwer war. Wir flogen nach Gefühl fünf Platzrunden mit Probeanflügen, und entschlossen uns dann beim sechsten Anflug zur Landung. Das Fahrwerk wurde ausgefahren, die Landeklappen herausgekurbelt, der Scheinwerfer stand gut in der Richtung, jetzt hieß es, nur noch zu beten. Ich nahm die Geschwindigkeit weg und ging langsam zu Boden, vor mir schien alles frei zu sein, kein Hindernis war zu erkennen. Ich setzte auf, rollte, trat auf die Bremsen, als es plötzlich einen starken Schlag gab und krachte. Wir wurden aus den Sitzen gedrückt, die Maschine dreht sich zur Seite, kippte auf die rechte Fläche und stand. Wie die begossenen Pudel stiegen wir aus, um das Malheur zu betrachten. Wir waren in einen Weidezaun gerast, der das Fahrwerk abgerissen hatte. Ich hätte heulen können, der Gedanke, die Maschine meines Kommandeurs zu Bruch geflogen zu haben, machte mich verrückt. Fw Krämer versuchte, mich zu beruhigen, er war froh, daß uns beiden wenigstens nichts passiert war. Er blieb bei der Maschine, während ich mich auf den Weg machte, nach einer Menschenseele zu suchen. Nicht weit von der Unglückstelle erreichte ich ein Bauernhaus. Der Bauer, der mir die Tür öffnete, war sehr freundlich, ich erzählte ihm von dem Unglück und fragte nach einem Telefon, um meine Einheit anzurufen. In dem Gespräch mit ihm erfuhr ich, daß ich nicht weit von Maubeuge war. Ich hatte also Charlaroi mit Maubeuge verwechselt, ein furchtbarer und folgenschwerer Irrtum. Am nächsten Morgen kam dann endlich ein Bergungskommando mit Sattelschlepper und Kranwagen, um die Maschine zu verladen und nach Rosieres zurückzubringen. Fw Krämer und ich nahmen in der Führerkanzel Platz. Wir kamen uns vor wie im Käfig eingesperrte Tiere. Als ich mich zurückmeldete, bestrafte mich Hptm. Dahlmann mit einem strengen Verweis und dem Entzug der Fliegerzulage für zwei Monate.

Einsatz gegen Portsmouth

Drei Tage später verlor ich meinen besten Freund, Oberfähnrich Günter Schüler, der einzig noch überlebende außer mir aus der Umschulungsphase Fw 190. Es war ein Einsatz gegen verschiedene Städte in Südengland. Gestartet wurde in Abständen von 30 Minuten. Günter Schüler war eine Stunde vor mir dran. Ich stand mit mehreren Kameraden vor der Flugleitung in der dunklen Nacht, um den Start zu verfolgen. Bei voller Leistung heulte der Motor auf, die Maschine begann zu rollen und zu beschleunigen. Als er volle Fahrt hatte, warteten wir auf das Abheben am Startbahnende. Wir sahen entgeistert, daß die Maschine aber nicht abhob, sondern über die Startbahn raste, in ein Hindernis hinein und unter einem grellen Blitz und Detonationsschlag der explodierenden Bombe auseinanderflog. Wir warfen uns auf die Erde, um nicht von Bombensplittern erschlagen zu werden. Es war ein grausames Erlebnis. Zum Trauern hatten wir aber keine Zeit, denn jeder hatte sich selbst auf seinen Flug zu konzentrieren. Nach weeiteren Nachteinsätzen gegen Bournemouth und London am 1. und 3. Juni, die ich ohne Schaden und Zwischenfälle überstanden hatte, verlegten wir am 5. Juni nach Evreux. Nach der Landung am Nachmittag erfuhren wir, daß ein Einsatz größeren Umfanges mit allen verfügbaren Maschinen unserer Gruppe unter Hinzuziehung des KG 1 und KG 54 gegen die Stadt und Hafenanlagen von Portsmouth geplant war. Alle Vorbereitungen liefen wie gewohnt ab, der Zeitplan wurde festgelegt, 23.00 Uhr über dem Ziel. Neben unseren 12 Focke-Wulf waren noch ca. 50 Ju 88 und He 111 an dem Unternehmen beteiligt, für unsere Luftwaffenverhältnisse eine stolze Armada. Die schweren Bomber starteten vor uns, da sie langsamer waren als wir. Es war eine diesige Sommernacht, unser Flugweg ging über Le Havre und weiter im Direktkurs zwischen 7000 und 9000 Meter Höhe über dem Kanal auf Portsmouth zu. Ich erwartete einen normalen Angriff mit der mir schon bekannten Flak- und Scheinwerferabwehr, als kurz vor Erreichen der englischen Küste ein Feuerwerk unvorstellbaren Ausmaßes begann. Eine derartige geballte Flakabwehr und Scheinwerfertätigkeit hatte ich noch nicht erlebt. Die Abschüsse schienen schon vom Wasser herzukommen. Ich warf meine Zusatzbehälter ab, als in unmittelbarer Nähe vor mir eine Maschine getroffen wurde, sich in einen Feuerball verwandelte, explodierte und in unzählige, glühende Einzelteile zerfiel und nach unten rieselte. Es war ein furchtbarer Anblick, ich war zutiefst erschrocken und riß meine Maschine instinktiv zur Seite. Die Abwehr ließ nicht nach, sie wurde vielmehr immer stärker. Es war ein Feuergürtel vor der Küste, den ich glaubte, nicht durchfliegen zu können, ohne getroffen zu werden. Ich suchte ein Loch, um durchzukommen, war aber durch die detonierenden Flakgranaten, die Scheinwerfer und Abschußblitze am Boden so geblendet und irritiert, daß ich die Küste und die Lage von Portsmouth nicht mehr genau ausmachen konnte. Ich entschloß mich, nach Osten ausweichend, den Sperrgürtel zu umfliegen, um dann von Nordosten Portsmouth anzugreifen. Meine Flughöhe betrug 6000 Meter. Als ich die Stadt, in der Brände erkennbar waren, unter mir liegen sah, löste ich meine Bombe. Die Detonation konnte ich nicht identifizieren, da zur gleichen Zeit Bombeneinschläge stattfanden, die durch Abwürfe anderer Maschinen verursacht wurden. Ich konnte unbeschadet durch das Flakfeuer auf Südkurs Richtung Frankreich gehen und erreichte nach einer Stunde Evreux. Als wir uns auf dem Gefechtsstand zurückmeldeten, standen wir alle noch unter dem Eindruck des Spektakels.

Die Invasion

Erstmals wurden Vermutungen geäußert, denen auch ich mich anschloß, die von einer Invasion sprachen. Ich hatte genau wie auch andere beobachtet, daß die Flakabschüsse von Kriegsschiffen erfolgten, woraus ich schloß, daß der Grund hierfür nur eine konzentrierte Schiffsansammlung sein konnte. Es setzte sich aber die Meinung durch, daß eine Invasion an dieser Stelle des Kanals wegen des weiten Wasserweges unwahrscheinlich sei. Man erwartete, wenn überhaupt, eine Invasion zwischen Dover und Calais. Alles andere seien mit großer Wahrscheinlichkeit nur Ablenkungsmanöver. Ich konnte mich mit meiner Meinung nicht durchsetzen. Wir hatten den Gefechtsstand noch nicht verlassen, als das Telefon klingelte und unser Kommandeur die Meldung entgegennahm, daß auf der Cotentin-Halbinsel im Raum St. Lô kanadische Lastensegler landen und an der Ornemündung bei Caen britische Fallschrimjäger abgesprungen seien. Von Invasion sprach immer noch keiner. Wir erhielten jedoch den Befehl, mit allen verfügbaren Maschinen in den Raum St. Lô zu fliegen, um anlandende Lastensegler und die viermotorigen Schleppflugzeuge abzuschießen. Die Nacht war noch finster und die Sichten nicht allzu gut, als wir wieder starteten. Als ich St. Lô erreichte, suchte ich wie ein Luchs, den Zeigefinger am Abzug für die Bordkanonen und Maschinengewehre, flog in alle Richtungen, aber von Lastenseglern keine Spur. Als ich nur noch Kraftstoff für den Rückflug hatte, brach ich mein Unternehmen ab und flog zurück nach Evraux. Ich war enttäuscht und deprimiert, daß mir ein Erfolg versagt war. Allen anderen erging es jedoch nicht besser, auch sie kehrten zurück, ohne etwas erreicht zu haben. Als der Morgen graute, wurden wir erneut alarmiert.

Gewaltige Bomberverbände der Alliierten bombardierten das französische Küstengelände zwischen Carentan und Caen.

Unser Kommandeur befahl Hauptmann Eberspächer, dem Staffelkapitän der 3. Staffel, mit vier Maschinen einen Aufklärungsflug in dieses Gebiet durchzuführen. Nach zwei Stunden kehrten sie zurück und meldeten den Anmarsch von Schiffsverbänden gegen die Normandie-Küste. Was jedoch Begeisterung bei uns auslöste, war die Tatsache, daß Hauptmann Eberspächer vier viermotorige Bomber bei seinem Aufklärungsflug abgeschossen hatte. Das gab uns allen wieder Mut, besonders nach dem erfolglosen Suchunternehmen in der Nacht. Auf dem Gefechtsstand war der Befehl von der Luftflotte eingelaufen, schwarmweise mit Bomben und Bordwaffen gegen die anlandenden Schiffe zu fliegen. Ich stellte einen Schwarm zusammen, der um 11.00 Uhr starten sollte. Von zurückkehrenden, vor mir eingesetzten Maschinen erfuhren wir, daß eine Invasion in vollem Gange war. Erschwert wurden unsere Einsätze durch feindliche Jäger, die in einer Anzahl von ca. 1000 Maschinen den Luftraum abschirmten und gleichzeitig den Erdkampf der landenden Truppen unterstützten. Das Wetter für unseren Auftrag war ausgezeichnet. Die Sichten waren gut, eine Cumulusbewölkung mit einem 40 %igen Bedeckungsgrad zwischen 1000 und 2000 Metern bot Schutz gegen die feindlichen Jäger. Wir starteten genau um 11.00 Uhr in Richtung Le Havre und flogen in 1500 Meter Höhe ständig durch die Cumuluswolken durch. Kurz vor Le Havre stellte ich fest, daß meine drei Kameraden nicht mehr bei mir waren. Ich wußte nicht, wo sie geblieben waren und konnte sie auch durch Funk nicht erreichen. Also war ich auf mich allein gestellt. Eine Unzahl feindlicher Jagdflugzeuge tummelte sich in der Luft, die Spitfires, Lightings, Mustangs und Thunderbolts, sie flogen aber alle entweder über oder unter den Wolken. Daß ein verrückter Deutscher sich in diesem Raum aufhalten konnte, haben sie mit Sicherheit nicht vermutet. Ich kurvte über Le Havre nach Westen ein und flog der Küste entlang auf die Ornemündung zu. Was ich sah, war unvorstellbar, weit und breit nur Schiffe bis an den Horizont. Es war ein erdrückendes Gefühl, aber auch ein Anblick, der mir mein Leben lang unvergessen bleibt. Ich nahm mir die Zeit, das alles in mich aufzunehmen. Wie eine Lavamasse ergoß sich das Potential der Landungsboote von England kommend gegen die französische Küste. Aus meinem Überflug in 300 m Höhe sah ich, wie schutzlos die GI's aus ihren Kähnen sprangen, teilweise noch ins seichte Wasser am Ufer, um über den flachen Strand laufend Deckung, die es kaum gab, zu suchen, Das deutsche Maschinengewehrfeuer aus den vordersten Bunkerreihen mähte sie reihenweise nieder. Ich sah sie fallen und sterben und immer wieder neue Massen anrennen. Es war grausam. Ich flog aufs offene Meer und überflog die Schiffe, als ich plötzlich westlich von Le Havre, in Nord-Süd-Richtung gestaffelt, die Ostflanke der Schiffsinvasion schützend, drei Schlachtschiffe und schwere Kreuzer liegen sah. Einige Zerstörer verdichteten den Flankenschutz. Die Schiffe lagen in ihrer majestätischen Pracht vor mir. Der Anblick war faszinierend. Es überkam mich wie ein Blitz der Gedanke, einen dieser gewaltigen Kolosse zu versenken. Es mag utopisch, vielleicht sogar anmaßend erscheinen, das mit zwei 20 mm-Kanonen, zwei Maschinengewehren und einer 500 kg-Bombe zu erreichen. Warum sollte ich aber nicht den Versuch wagen und mir mit einem Glückstreffer das Ritterkreuz verdienen. Das Risiko war zwar hoch, gegen mich sprach die Abwehrkraft der Schiffe mit ihrer tödlichen Vierlingsflak, für mich sprach die Überraschung, denn niemand in diesem Raum vermutete einen deutschen Flieger, schon gar nicht gegen ein Schlachtschiff. Ich pirschte mich in 2000 Meter unter Ausnutzung der Cumuluswolken an das Schiff heran, bis es schräg links unter mir lag. Ich kippte über die linke Fläche aus einer Wolkenlücke ab, im Sturzflug auf mein Ziel, das Mittelschiff genau im Fadenkreuz und löste Kanonen und Maschinengewehre aus. Die Granaten und Schüsse schlugen prasselnd auf das Deck. Ich konnte die Einschläge durch die Leuchtspur der Munition genau erkennen. Die Überraschung war vollkommen, die Flakmannschaften schienen in volle Deckung gegangen zu sein und gaben keinen Schuß ab. In 600 Meter zog ich die Maschine durch das Fadenkreuz meines Zielvisiers und löste die Bombe. Es gab einen Ruck und im gleichen Augenblik prasselten mir auch schon die Flakgranaten um die Ohren. Ich dachte, jetzt ist alles aus. Wie durch ein Wunder hatte ich aber nur einen Splitter neben der Nasenwurzel. Ich merkte es, als das Blut auf meine Kombination tropfte. Im Tiefstflug konnte ich über das Wasser entkommen und das Festland wieder erreichen. Ich versuchte noch einen Blick zurückzuwerfen in der Hoffnung, vielleicht ein sinkendes Schiff zu sehen, aber die Entfernung war schon zu groß und meine Flughöhe zu niedrig.

Mit dem letzten Tropfen Kraftstoff erreichte ich Evreux. Am Ende der Startbahn erwarteten mich nach der Landung mein Kommandeur, die Piloten und Techniker, sie waren hoch erfreut, mich lebend wiederzusehen, denn nach der Zeitberechnung war meine Maschine schon fast eine viertel Stunde überfällig. Bei sparsamstem Kraftstoffverbrauch durch die Verringerung meiner Geschwindigkeit auf 350 km/h konnte ich meine Flugzeit jedoch verlängern, um den Motor bis Evreux noch am Laufen zu halten. Ich war auf dem Rückweg in größter Sorge, den Flugplatz nicht mehr zu erreichen und hatte vorsichtshalber schon vor Erreichen Evreux einen Notruf wegen Kraftstoffmangel abgesetzt. Es ging aber alles gut. Ich mußte natürlich ganz ausführlich berichten, was ich erlebt hatte. Unser Kriegsberichterstatter nahm mit lebhaftem Interesse alles auf, um für die Front- und Tageszeitungen einen Artikel anzufertigen.

Inzwischen war wieder ein neuer Schub frisch ausgebildeter Piloten zu uns gekommen, darunter auch einige Oberfähnriche. Einer von ihnen, Heribert Batz, schloß sich mir an und wurde mein engster Freund, mit dem ich bis Kriegsende durch Dick und Dünn ging.

Der Kampf an der Invasionsfront entwickelte sich zu einer Materialschlacht unvorstellbaren Umfangs, bei der es um jeden Meter Boden ging. Die Alliierten warfen ihre gesamte verfügbare Luftwaffe in die Auseinandersetzung und beherrschten das Geschehen am Tage voll.

Für uns blieb nur noch die Nacht. Wir verlegten wieder zurück nach Rosières, um von nun an unsere Einsätze von dort zu fliegen. Angriffsziele waren immer wieder Truppenansammlungen, Fahrzeuge und Artilleriestellungen an der Normandieküste und in den Brückenköpfen zwischen St. Lô und Caen. Wir leuchteten unsere Ziele mit Leuchtfallschirmen, von denen wir 4 Stück, je 2 unter jeder Fläche, hatten, aus und griffen mit unseren Bordkanonen und Maschinengewehren an und warfen unsere Bomben auf erkannte lohnende Ziele. Unsere Einsätze gaben, wie wir hörten, der Erdtruppe immer wieder etwas moralischen Rückhalt und Verschnaufpausen. Die befohlenen Zielräume waren bei Nacht schwer auszumachen. Der Frontverlauf war in sich verzahnt. Hinter den eigenen Linien hatte die Nachrichtentruppe Funkfeuer aufgestellt, die wir anflogen. Die Zeiten waren auf die Minute genau festgelegt. Die vordersten Stellungen unserer Erdtruppen schossen bei unserer Annäherung grüne Leuchtmunition in die Luft, um uns zu zeigen, daß wir sie überfliegen müssen. Zur Bekämpfung der Ziele mußte ein Sicherheitsabstand eingehalten werden, um die eigenen Soldaten nicht zu gefährden. Die Vergangenheit hatte gezeigt, daß das von größter Wichtigkeit war. Die Amerikaner, so hörten wir, hatten öfter Bomben über ihren eigenen Linien abgeladen. Das durfte uns nicht passieren.

Am 15. Juni war großer Bahnhof in Rosieres. Der Oberbefehlshaber der Luftflotte 3 Generalfeldmarschall Sperrle, hatte sich zum Besuch angesagt. Alle Offiziere und Piloten mußten antreten, um goldene Worte aus seinem Munde entgegenzunehmen. Ich fand es unwahrscheinlich aufrregend, einen der mächtigsten Männer der Luftwaffe sehen und begrüßen zu können. Hinter einem Begleitfahrzeug näherte sich ein schwerer Mercedes mit großer Marschallstandarte und hielt direkt vor uns. Dem Wagen entstieg der Marschall, ein korpulenter Mann von schätzungsweise 2 1/2 Zentnern, den Marschallstab in der Hand, auffallend sein Monokel, das ein blutunterlaufenes Auge verdeckte, und ließ sich von unserem Kommandeur melden. Er schritt die Front ab und begrüßte jeden von uns mit Handschlag, wir erstarrten vor Ehrfurcht. Er gab anschließend einen Bericht zur Lage, der sehr positiv klang. Danach wurden die Leistungen unserer Gruppe gewürdigt. Höhepunkt war die Verleihung von Orden. Auch ich mußte vortreten und erhielt das Eiserne Kreuz II. Klasse und die Urkunde mit der handgeschriebenen Unterschrift des Marschalls. Ich war unwahrscheinlich stolz, als mir die Auszeichnung an die Brust geheftet wurde. Damit war ich auch äußerlich sichtbar nicht mehr ein Greenhorn.

Es verging seit Beginn der Invasion kaum eine Nacht ohne Feindflug. Das Glück stand mir immer zur Seite, oft sprang ich nur um Haaresbreite dem Tod von der Schippe. Bei einer freien Nachtjagd gegen amerikanische Bodentruppen hatte ich mir die Straße Caen - Bayeux -

Carentan aufs Korn genommen. Es war stockduster, ich flog von Osten im Tiefflug an und erkannte schon hinter Caen die Abblendlichter von Fahrzeugen auf der Hauptverbindungsstraße nach Bayeux. Ich drückte meine Maschine an, die Ziele im Visier und schoß aus allen Rohren meiner Bordkanonen und Maschinengewehre. Fahrzeuge gingen in Brand auf. Ich hatte den Eindruck, jetzt in ein Ameisennest gestochen zu haben, die ganze leichte Flak in dem Brückenkopf ballerte auf mich los, von vorne, hinten, rechts und links. Ich war so tief, daß die roten Perlenschnüre über mich hinweggingen, so knapp, daß ich glaubte, sie streifen mich. Ich befand mich unter einem regelrechten Flakschirm. Jedes Anziehen meiner Maschine nach oben wäre tödlich gewesen. Eine Mischung aus Angst und Verwegenheit überkam mich, ich schoß auf alles, was sich unter mir bewegte, bis die letzten Magazine leer waren und ich zum Schluß noch meine Bombe zwischen eine Fahrzeugkolonne warf. Ich entkam dem Feuerwerk ohne Schaden und war erleichtert und erlöst.

Es war eine Woche später. Bei einem Einsatz mit vier Maschinen im Schwarm in der Abenddämmerung auf die Ornemündung erblickten wir vor uns einen Lightingverband von ebenfalls vier Maschinen in gleicher Höhe wie wir. Sie waren auf Nordkurs und konnten nach unserer Meinung nur auf dem Rückflug nach England sein. Wir wurden in höchste Alarmbereitschaft versetzt. Es war eine vorherzusehende Treffpunktaufgabe, daß, wenn keiner seinen Kurs ändert, ein Aufeinanderprallen unvermeidbar schien. Wir stellten schnell eine Lagebeurteilung an, ob wir uns in einen Luftkampf einlassen, die Bomben abwerfen und das Feuer eröffnen oder abwarten sollten. Wir entschieden uns zum letzteren in dem Glauben, daß die Lightings genauso dachten wie wir, es darauf ankommen zu lassen und nicht zu schießen. Das ungewöhnliche geschah - kurz bevor wir uns kreuzten, wackelten die Burschen, zogen etwas in die Höhe, wir drückten daraufhin nach unten, die Lightings flogen haarscharf über uns hinweg. Sie wollten nichts riskieren, sondern heil nach England kommen, und wir konnten unseren Auftrag fortsetzen, wie er befohlen war.

Ein Meisterstück

Der 24. Juni war ein denkwürdiger Tag für Heribert Bartz und mich. Wir hatten den Auftrag, in der Abenddämmerung beim letzten Büchsenlicht Truppenansammlungen der Amerikaner im Raum Bayeux anzugreifen. Nach halbstündigem Flug von Rosières schwenkten wir in aufgelockerter Formation in 2000 Meter Höhe von Funkfeuer Falaise aus nach Westen ab. Das Wetter war diesig und die Sichten nicht allzu gut. Der Himmel war frei von feindlichen Jägern. Am Boden sahen wir die Abschußblitze von Artilleriegeschützen. Die gegnerische Flak hatte noch nichts bemerkt oder hielt unsere Maschinen zumindest nicht für deutsche. Es konnte nicht mehr weit bis Bayeux sein.

Ich erkannte plötzlich auf einer Straße unter mir amerikanische Panzer und Fahrzeuge mit ihren weißen Kreuzen und entschloß mich, sie mit Bordwaffen anzugreifen. Über Funk informierte ich Heribert. Wir kippten über die Flächen ab und feuerten aus allen Rohren unsere Leuchtspurmunition ab. Einige Fahrzeuge gingen in Flammen auf, die leichte Flak begann zu schießen. Wir entkamen im Tiefflug, ohne getroffen zu werden und zogen unsere Maschinen in sicherem Abstand wieder auf Höhe. Auf der Suche nach neuen Zielen stießen wir auf eine andere Fahrzeugkolonne. Mit Bordwaffen griffen wir an und warfen unsere Bomben ab. Wieder eröffnete die Flak das Feuer.

"Wolfgang", schrie plötzlich Heribert, "ich habe einen Schlag in meiner Maschine, der Motor läuft aber noch." Dann war es aus, ich hatte keinen Funkkontakt mehr zu ihm. Ich drehte nach Süden ab und nahm meine Fahrt raus, um nach ihm zu suchen. Es war dunkel, in der Nachtdämmerung war nur schwer etwas zu erkennen, als Heribert plötzlich auf mich einkurvte. Ich sah ihn als Schatten auf mich zukommen und hatte Angst, daß er mich rammt. Er hatte seine Kabinenbeleuchtung eingeschaltet und gestikulierte mit seiner linken Hand. Ich hielt genau Kurs, um ihm die Chance zu geben, sich an den Auspufflammen meines Motors zu orientieren und an mich zu heften. Was war nur mit ihm los, vielleicht sind neben dem Funk auch seine Navigationsgeräte ausgefallen? Wenn das so ist, dachte ich, mußt Du ihn wohl nach Hause schleppen. Er hielt sich ganz eng an mich, seine linke Fläche berührte fast den Rumpf meiner Maschine zwischen Fläche und Seitenleitwerk. Bis zu unserem Heimatflugplatz in Rosières war es noch ein gutes Stück Weg. Meine rechte Hand umfaßte krampfhaft den Steuerknüppel, um ganz genau zu fliegen und keine unnötigen Bewegungen zu machen. Heribert flog wie eine Eins, wirklich meisterlich, ich wagte kaum, nach rechts zu blicken, nur meinen Instrumenten galt die ganze Konzentration. Das Funkfeuer von Rosières pendelte sich am Anzeigegerät ein. Das Wetter wurde schlechter, die Sicht nahm ab und über dem Boden schien Dunst zu liegen. Die Minuten verrannen wie eine Ewigkeit. Ich gab unsere Notlage der Bodenstelle durch und forderte eine Blindlandehilfe an. Alle 30 Sekunden wurde mir der Kurs zum Platz durchgegeben. Die Wettermeldung besagte, daß über der Startbahn Sichten im Dunst um 1 km herrschten. Wir wurden an den äußeren Horizont der Anflugbefeuerung geführt. Ich erkannte unter mir die Lichter der Startbahn, die vom Dunst fast aufgezehrt wurden. Im engsten Formationsflug gingen wir zur Landung über und setzten kurz hintereinander auf der Betonpiste auf. Das war wirklich eine Meisterleistung im Teamwork, besonders aber von dem jungen Hasen Heribert, der in der Feindfliegerei noch nicht so erfahren war. Zwei Flaschen Sekt von Major Dahlmann für unser Husarenstück waren die Aufforderung für einen langen Kasinoabend.

Fallschirmjäger honoris causa

Am 3. Juli erwischte es mich dann doch. Es ging wieder einmal gegen Truppenansammlungen der Engländer bei Caen. Das Wetter war schlecht, tiefe Bewölkung und diesig. Wir mußten nach dem Start in Rosières in die Wolken ziehen. Über dem Zielgebiet lagen die Wolkenuntergrenzen jedoch bei 2000 Meter. Wir stießen am Funkfeuer Falaise aus den Wolken und flogen nach Caen, als ich in eine Flakfeuergarbe geriet und einen plötzlichen Schlag verspürte. Der Motor hatte Feuer gefangen und die Öldruckanzeige ging auf Null. "Verdammte Scheiße", dachte ich, "jetzt ist es aus. Was tun, Notlandung oder Fallschirmausstieg?" Der Entschluß zu handeln, war in diesem Moment wohl der bisher schwerste in meinem Leben. Beim letzten Büchsenlicht erkannte ich unter mir hügeliges Gelände, das eine Außenlandung nicht zuließ. Es ging alles so rasend schnell. Ich schloß den Brandhahn, um das Feuer einzudämmen. Der Motor stand und der Propeller drehte sich nur noch in der Windströmung. Die Maschine verlor sofort an Höhe. Ich hatte noch 350 km/h Fahrtanzeige, riß die Maschine nach links auf Südkurs, um möglichst wieder eigenes Gebiet zu erreichen. In 1000 m Höhe warf ich das Kabinendach ab, schnallte mich von den Gurten los und zog die Füße aus den Pedalen. Meine Höhe war noch 500 m, ich reduzierte die Fahrt auf 250 km/h und drückte den Steuerknüppel langsam und zügig nach vorne, die Maschine senkte sich nach unten, ich wurde wie von unsichtbarer Hand aus dem Sitz gehoben und löste mich schwerelos aus meiner lieben "Roten 2". Mit der linken Hand blieb ich irgendwo hängen und verlor dabei meine Armbanduhr, die ich Weihnachten 1941 von meinen Eltern geschenkt bekam. Ich sah sie fallen, konnte sie aber nicht mehr fassen.

Zwischen meinen breit gemachten Beinen glitt das Höhenleitwerk durch. Ich war frei und die Maschine ging steil nach unten. Der Wind piff mir um die Nase. Es war höchste Zeit, die Reißleine des Fallschirms zu ziehen, denn meine Höhe war verdammt gering. Der Fallschirm öffnete sich, mein Atem stockte, als die Flak noch auf mich schoß, aber gottseidank nicht traf. Die Maschine explodierte keine 500 m weit weg auf einem Hügel, es gab einen Riesenblitz durch die detonierende Bombe und die Explosion der Munition, als ich auch schon am Boden lag. Ich war in einer Mulde gelandet und stellte fest, daß ich unverletzt war bis auf eine kleine Verstauchung am linken Fußgelenk. Ich zog meinen Fallschirm an mich und nahm in einem Straßengraben volle Deckung, denn in meiner unmittelbaren Nähe detonierten Artilleriegeschosse und knallten die Maschinengewehre. Ich schloß daraus, daß ich wohl direkt zwischen den Fronten lag. Ich konnte nun nichts mehr tun, als bis zum Morgengrauen zu warten, um mich bei anbrechender Helligkeit nach Süden durchzuschlagen. Mit etlichen Zigaretten hatte ich versucht, meine Angst und Nervosität zu bekämpfen und mich zu beruhigen, als in meiner Nähe Stimmen laut wurden. Ich schmiegte mich noch enger an den Boden, um nicht erkannt zu werden. Die Chancen zwischen Befreiung und Gefangenschaft waren jetzt 50 zu 50. Ich lauschte voll konzentriert und glaubte, deutsch gesprochene Worte zu hören. Als ich sicher war, daß ich mich nicht geirrt hatte und Schritte neben mir hörte, rief ich: "Halt, nicht schießen, deutscher Pilot." Plötzlich standen drei deutsche Landser mit Gewehr im Anschlag vor mir, ich hob die Hände. Sie waren genauso erschrocken wie ich und forderten mich auf, ihnen zu folgen. Sie machten mir klar, daß ich mich auf feindlichem Gebiet befinde. Sie hatten meinen Absturz verfolgt und als Stoßtrupp den Auftrag, mich zu den eigenen Linien zu bringen. Sie nahmen mich in ihre Mitte. Wir stolperten in der Finsternis durch unwegsames Gelände und erreichten endlich nach einem längeren Fußmarsch einen Kompaniegefechtsstand. Nach herzlicher Begrüßung, einem Imbiss und Umtrunk wurde mir ein Fahrzeug mit Fahrer zur Verfügung gestellt, das mich nach Chartres in ein Sammellager bringen sollte. Es wurde eine Himmelfahrt. Die Straßen waren verstopft, zerschossene und ausgebrannte Fahrzeuge lagen am Wegesrand. Über uns immer wieder feindliche Tiefflieger, die auf alles schossen, was sich auf der Erde bewegte. Wir sprangen oft aus unserem Auto und nahmen immer wieder volle Deckung. Am späten Vormittag erreichten wir Chartres. In einem Sammellager wurde ich abgesetzt, in dem sich eine unübersehbare Menge von Soldaten befand, meistens Verwundete und versprengte deutsche Soldaten, aber auch viele Alliierte, die auf den Weitertransport in rückwärtige Gefangenenlager warteten. Es war äußerst interessant, ich sprach mit einem farbigen amerikanischen Leutnant, von schweren Verbrennungen im Gesicht gezeichnet, der aus einem abgeschossenen Panzer gerettet und froh war, der Hölle noch lebend entkommen zu sein. Ich kam mit Engländern und Kanadiern ins Gespräch, die die Anlandung am 6. Juni mitgemacht hatten und mir über ihre Erlebnisse bis zur Gefangenschaft erzählten, genau wie ich ihnen meine Erlebnisse schilderte. Es war ein merkwürdiges Gefühl, mit Feinden so freundlich und offen zu sprechen. Keiner hatte das Gefühl, Gegner des anderen zu sein. Ich gab ihnen von meinen Zigaretten und meiner Bordnotverpflegung, die ich noch bei mir hatte, ab, weil ich das Bedürfnis hatte, diesen armen Burschen etwas gutes zu tun. Wir tauschten untereinander unsere Namen aus, um nach dem Krieg ein Wiedersehen zu feiern. Dazu ist es aber nie gekommen. Inzwischen hatte ich veranlaßt, bei meiner Einheit in Rosières anzurufen, um mich hier abzuholen. Am Nachmittag kam dann auch ein Fahrzeug meiner Staffel und fuhr mich wieder "nach Hause". Als ich mich bei meinem Kommandeur zurückmeldete, beglückwünschte er mich und war froh, daß ich wieder da war. Ich durfte mich einen Tag ausruhen. Um den Schock zu überwinden, hatte man mich für den übernächsten Abend für einen Einsatz wieder eingeplant. Ich bekam den Befehl, mir eine neue Maschine auszusuchen und sie einzufliegen. Von den Stabsmaschinen war noch eine frei, die "Grüne 7". Obergefreiter Kühl, der über den Verlust seiner "Roten 2" sehr traurig war, ging mit mir und übernahm die "Grüne 7". Er machte die Maschine zuerst mies und meinte: "Eine Rote 2" wird das aber nie. Er nahm sich trotzdem des neuen Vogels mit gleicher Hingabe an wie bisher. Der Motor war im Gegensatz zur "Roten 2" sehr rauh und lief hart und unruhig. Ich hatte ein ungutes Gefühl. Am 6. Juli war es dann soweit. Wir hatten den Auftrag, die bei St. Lô durchgebrochenen Panzerspitzen der 3. US-Panzerarmee mit Bomben und Bordwaffen zu bekämpfen und den Vormarsch zu bremsen. Ich flog mit einem 8er Schwarm in der Abenddämmerung los, als nach Überflug von Mayenne einer aus dem Schwarm mir über Funk zurief: "Zebro, Deine Maschine brennt, hinter Dir hängt 'ne schwarze Rauchfahne." Ich war erschrocken und drehte mich um, im gleichen Moment schoß in der Kabine aus dem Motorschacht eine Stichflamme gegen meine Beine und versengte meine Lederkombi, als auch schon der Motor brannte. Mein Höhenmesser zeigte 1000 m an. Ich warf das Kabinendach ab und schleuderte mich, so schnell es ging, aus meiner Maschine. Sofort, nachdem ich frei vom Leitwerk war, zog ich den Fallschirm, als die Maschine auf dem Weg in den Abgrund sich in einen Feuerball verwandelte, auseinanderflog und in brennende und glühende Einzelteile zerfiel. Hätte ich nur Sekunden später die Maschine verlassen, wäre ich mit meinem gesamten fliegenden Unterbau in die Luft geflogen. Der Schutzengel hatte es wirklich wieder gut mit mir gemeint. Nun hing ich zum zweitenmal innerhalb von drei Tagen am Fallschirm. Ich segelte ruhig zu Boden, landete aber unglücklicherweise mitten in einer Herde von Rindern, die wohl auch sehr erschrocken waren. Ich konnte die Tiere aber mit Händen und Füßen gestikulierend verscheuchen und mich auf allen Vieren kriechend durch einen Weidezaun in Sicherheit bringen. Nun stellte sich mir wieder die große Frage, wo ich war. Wo Kühe sind, folgerte ich, muß auch ein Bauernhof sein. In der Ferne vernahm ich das Gebell eines Hundes und bewegte mich in diese Richtung. Schon nach den ersten Schritten bemerkte ich, daß meine Knie wehtaten und ich etwas gehbehindert war. Es war dunkel und der Weg durch die Felder beschwerlich. Die Laute kamen immer näher und ich erkannte Lichter. Vor Hunden hatte ich Angst. Ich wollte nicht gebissen werden. Als ich vor dem Bauernhof stand, raste ein wildgewordener Schäferhund an einer Drahtleine vor mir hin und her, bellte und fletschte seine Zähne. Ich wagte mich nicht mehr weiter. Die Bauern wurden auf mich aufmerksam und kamen aus dem Haus. Furchtbare Gedanken überkamen mich plötzlich: "Hoffentlich sind das keine Partisanen, die Dich lynchen." Es stellte sich aber sehr schnell heraus, daß die Leute, die mir gegenüberstanden, sehr nett und freundlich waren. Sie baten mich in die Küche und forderten mich auf, zu erzählen, woher ich kam und was ich wollte. Sie beköstigten mich reichlich und holten eine gute Flasche Wein aus dem Keller. Wir verständigten über Telefon, das gottseidank noch funktionierte, die Militärgendarmerie, die mich zwei Stunden später abholte. Ich verabschiedete mich von der liebenswerten französischen Bauernfamilie. Meine Fahrt führte mich ins Militärlazarett nach Rennes. Mein Knie war inzwischen stark angeschwollen und mußte behandelt werden. Das Lazarett war völlig überbelegt.

Ich fand aber ein Plätzchen, um auf einen Arzt zu warten. Plötzlich herrschte große Aufregung. Eine Krankenschweser stieß die Zimmertür auf und schrie: "Die Amerikaner stehen mit ihren Panzern vor Rennes. Das Lazarett muß geräumt werden." Ich humpelte auf den Flur und machte einem Arzt, der mir gerade über den Weg lief, klar: "Doktor", sagte ich zu ihm, "ich bin deutscher Einsatzpilot der Luftwaffe und muß sofort weg und mich bei meiner Einheit melden." Es dauerte keine 10 Minuten. Man verlud mich in ein Sanitätsauto, das auf dem Hof vor dem Lazarett stand. Der Kasten war völlig überladen. Mit mehreren Schwerverletzten teilte ich den Platz. Wir waren zusammengepfercht wie in einem Heringsfaß. Die Fahrt führte uns nach Paris, teilweise über grausames Kopfsteinpflaster, das uns völlig durcheinanderschüttelte, bis wir endlich eine provisorisch errichtete Krankensammelstelle erreichten. Von hier aus informierte ich wieder meine Einheit, die mich aus der wenig erfreulichen Lage befreite, mir nach einigen Stunden ein Auto schickte, um mich in meine heimische Umgebung nach Roye zurückzuführen. Der Empfang war herzlich, es wurde gefeiert. Ich mußte aber den Spott über mich ergehen lassen, zweimal in einer Woche mit dem Fallschirm abgesprungen zu sein. Man ernannte mich zum Fallschirmjäger honoris causa und verdonnerte mich zu einem längeren feucht-fröhlichen Abend.

Für mich hieß es nun, wieder auf eine neue Maschine umzusteigen. Das war gar nicht so einfach. Ich fand aber endlich eine, die ich mir diesmal gewissenhaft mit Fritz Kühl aussuchte. Es war die "Grüne 11", die ich zur "Roten 2" umspritzen ließ, um das Fliegerglück wieder an mich zu ziehen.

Die De Havilland Mosquito wurde für uns zum Alptraum. Als Nachtjäger machte sie uns das Leben schwer. Manche meiner Kameraden mußten im Luftkampf ins Gras beißen. Beim Landeanflug in Bonn-Hangelar hätte es auch mich beinahe erwischt, als eine Mosquito hinter mir hing und das Feuer eröffnete. Gott sei Dank zielte die Besatzung zu schlecht, um mich vom Himmel zu holen.

Technische Daten:	*2 Rolls-Royce-Merlin-Motoren*	
	je 1710 PS	
	Höchstgeschwindigkeit:	*660 km/h*
	Reisegeschwindigkeit:	*500 km/h*
	Reichweite:	*3000 km*
	Fluggewicht:	*9350 kg*

Map 24

OPERATION 'NEPTUNE' – THE NAVAL BOMBARDMENT (ASSAULT PHASE)

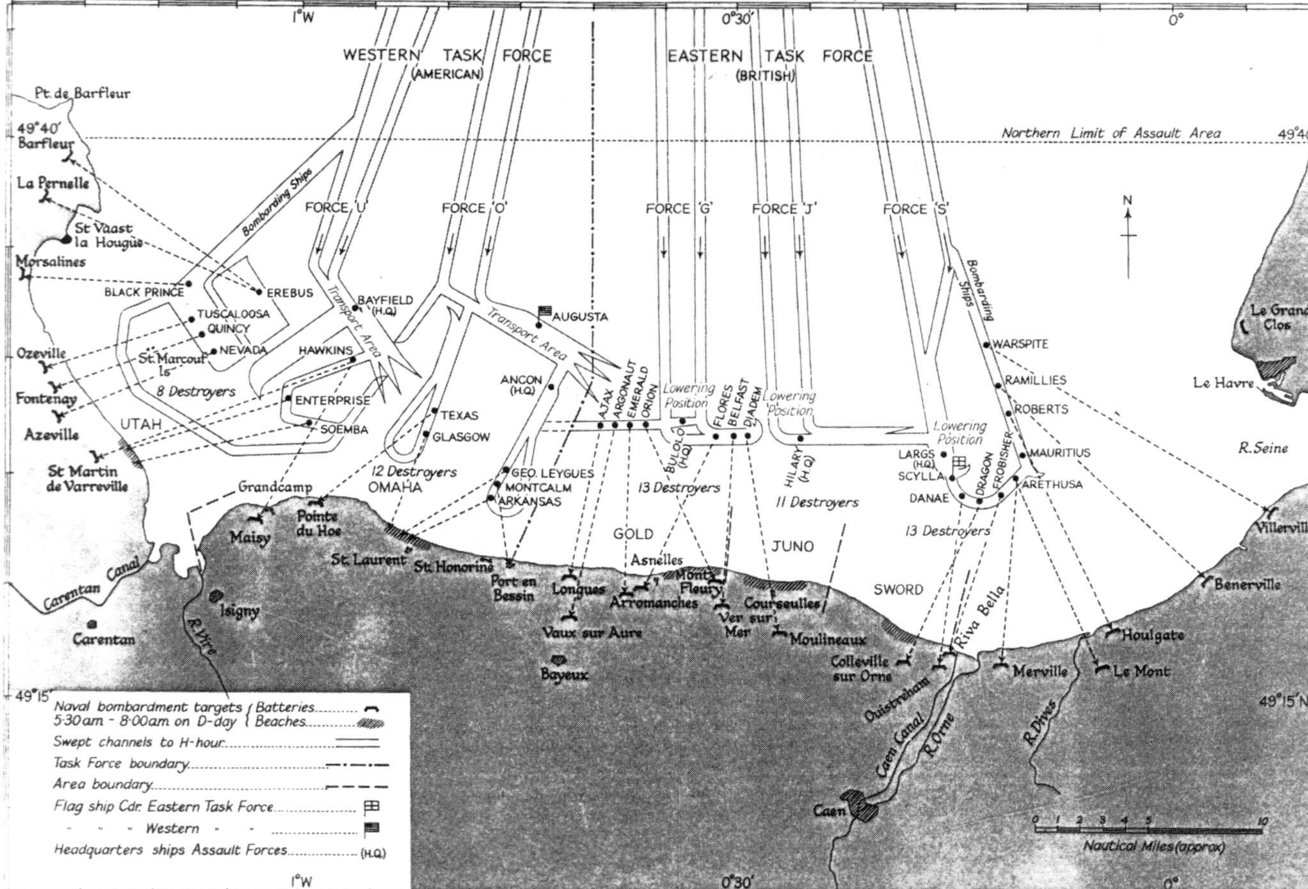

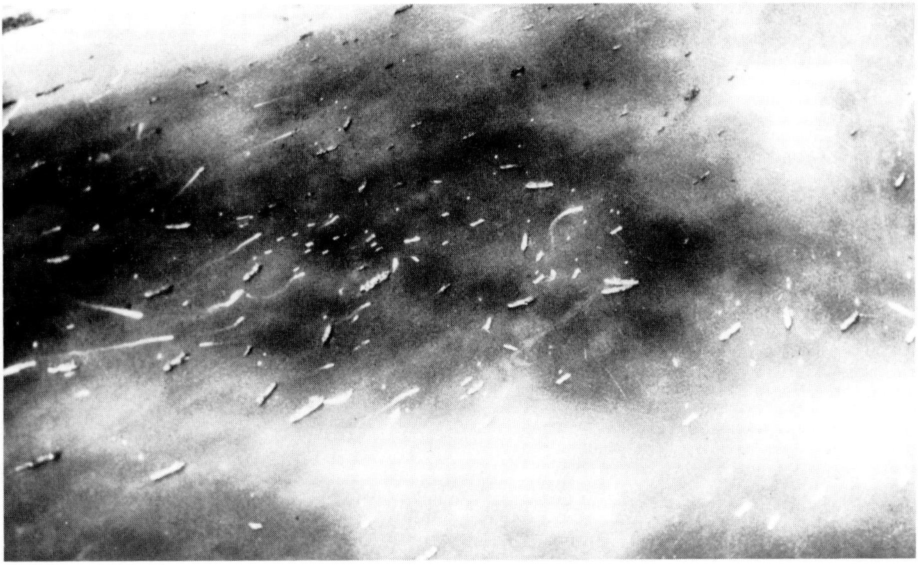

Der Anblick der Invasionsflotte vor der Normandieküste am 6. Juni 1944 war überwältigend. So weit man sehen konnte, ergoß sich die Schiffsarmada wie eine Lavamasse. 7 Schlachtschiffe, 2 Panzerkreuzer, 33 Kreuzer, 105 Zerstörer, 1075 andere Kriegsschiffe und 4126 Landungsboote der Alliierten waren im Anmarsch auf das französische Festland.

Auf meinem Einsatzflug am Nachmittag des 6. Juni 1944 hielt es mich trotz der großen Anzahl alliierter Jäger nicht davon ab, die Invasionsflotte zu überfliegen.

Landungsboote aller Typen auf dem Weg zum Strand aus der Sicht HMS Beagle.

Ein Sherman-Panzer mit 17-PDR-Kanone fährt von einem Landungsschiff an den Strand.

Infanteristen, die von einem LCI im Queens-Sektor an Land gehen. Sie waten mit ihrer Ausrüstung und Fahrrädern an die Küste.

DUKWS, mit Personal und Versorgungsgütern (Material) beladen, verlassen die Landungsschiffe, um den Strand zu erreichen.

Alliierte Truppen entladen am Strand Material. Deutlich zu erkennen sind die Ballonsperren gegen deutsche Tiefflieger.

Ein Landungsboot nähert sich dem Strand. Kommandotrupps im Vordergrund.

Während die Kanonen eines amerikanischen Schlachtschiffes Ziele an der Küste bekämpfen, bringt ein LCT amerikanische Truppen an die Küste.

Das Schlachtschiff HMS Rodney beschießt feindliche Befestigungen an der Küste.

Infanteristen, viele von ihnen führen Fahrräder mit, waten von einem Landungsboot an Land.

Kommandotrupps, die von einem LCI an Land gehen.

Bruchlandung

Am 15. Juli hatte ich Grund zum Feiern. Mir wurde das Eiserne Kreuz I. Klasse und die Frontflugspange in Bronze verliehen. Am 2. August verlegten wir nach Dreux, um die Anflüge zur Front zu verkürzen. Der Aufenthalt in Dreux war jedoch nur von kurzer Dauer, da der Flugplatz nach 10-tägiger Benutzung bombardiert wurde und die Startbahn durch Bombentrichter völlig unbrauchbar war. Wir mußten uns ein neues Domizil suchen und erkundeten auf Befehl der Luftflotte den Raum um Tours. An der Cher, einem Nebenfluß der Loire, fanden wir eine Wiese, die flugplatzähnliche Ausmaße und festen Untergrund hatte und gegen feindliche Luftaufklärung gut geschützt lag. Wir richteten uns hier ein, um von diesem provisorischen Flugplatzgelände unsere Feindflüge fortzusetzen.

Ich selbst war inzwischen zum Leutnant befördert worden. Eine nicht eingeplante Unterbrechung mußte ich durch einen Flugunfall jedoch zwischenzeitlich noch einmal in Kauf nehmen. Am 7. August stellte ich beim Rückflug vom Einsatz von der Normandieküste bei schlechter Wetterlage über den Wolken fest, daß meine Funk- und Navigationsgeräte ausgefallen waren. Eine Blindlandung an der Cher war nicht mehr möglich. Ich entschloß mich, da ich kein Verlangen mehr hatte, wieder mit dem Fallschirm abzuspringen, nach einem Wolkenloch zu suchen, um durchzustoßen. Ich flog nach Süden, um möglichst weit in eigenes Gebiet zu gelangen. Gottseidank war es schon kurz vor der Morgendämmerung. Ich bemerkte plötzlich, daß die Bewölkung abnahm und Bodenkontakt gegeben war. Ich stieß kurz entschlossen durch die Wolken und entdeckte unter mir im ersten Büchsenlicht die Schienen einer Eisenbahnlinie. Eine Orientierungsaufnahme und ein Flug nach Tours war nach meiner Zeitberechnung nicht mehr möglich, da mein Kraftstoff nur noch für einige Minuten reichte. So entschloß ich mich zu einer Außenlandung und hielt mich an die Eisenbahnlinie, weil mir das Gelände hier wegen seiner Hindernisfreiheit für mein Vorhaben am geeignetesten erschien. Nach einer Platzrunde fuhr ich die Landeklappen aus, reduzierte im Endanflug zu dem geplanten Notlandepunkt meine Geschwindigkeit auf 250 km/h, warf das Kabinendach ab und setzte die Maschine ohne ausgefahrenes Fahrwerk parallel zum Bahndamm zur Landung an. Mit 210 km/h ging ich vorsichtig an den Boden ran. Die Maschine bremste beim Aufsetzen so stark ab, daß mein Körper ruckartig in die Gurte gepreßt wurde. Ich flog mit dem Kopf, obwohl meine Gurte fest angezogen waren, gegen das Instrumentenbrett. Aus einer Platzwunde an der Stirn lief Blut. Beim Versuch, mich aus den Gurten zu befreien, stellte ich fest, daß meine Wirbelsäule verstaucht war und ich starke Schmerzen verspürte. Es war mir trotz mehrerer Versuche nicht möglich, mit eigener Kraft die Maschine zu verlassen.

Nach Anlegen eines provisorischen Kopfverbandes aus meinem Verbandspäckchen blieb ich notgedrungen in der Pilotenkanzel sitzen, um meine neue Situation zu überdenken. Nach ca. 10 Minuten kam ein Franzose auf mich zu, der meine Notlandung beobachtet hatte. Er war der zuständige Schrankenwächter und fragte mich, ob er mir helfen kann. Mit vereinten Kräften befreiten wir mich aus meiner mißlichen Lage. Meinen rechten Arm legte er über seine Schulter, hielt ihn dabei krampfhaft fest und führte mich zu seinem etwa 200 Meter entfernt gelegenen Bahnwärterhäuschen. Auf meine Frage, wo wir uns befinden, antwortete er: "An der Bahnlinie Niort - Poitiers." Im Bahnwärterhäuschen wartete schon seine Frau, um mich mit einem warmen Getränk zu stärken. Ein Liegestuhl wurde herbeigeholt, in dem ich Platz nehmen mußte. Der Franzose, den ich wegen seines Dialektes nur schwer verstehen konnte, machte mir klar, daß ich unbedingt ärztliche Hilfe brauche. "Es sind 4 km bis zum nächsten Ort. Mit dem Fahrrad bin ich aber spätestens in einer Stunde wieder zurück." Das waren seine letzten Worte, bevor er sich noch einen Pullover überzog und den Raum verließ. In der Zwischenzeit bemühte sich seine Frau rührend um mich und legte mir mehrmals einen frischen Verband auf die Stirn, um das Blut aus der Platzwunde zu stillen. Die Zeit bis zur Rückkehr schien eine Ewigkeit zu dauern. Der Gedanke überkam mich, ob hier alles mit rechten Dingen zugeht und der Bahnwärter mich nicht irgendwelchen Widerstandskämpfern ausliefern will. Mir blieb in meiner Lage aber gar nichts anderes übrig, als mich in mein Schicksal zu fügen, an das Gute im Menschen zu glauben und zu hoffen. Endlich nach einer Stunde vernahm ich das Motorgeräusch eines Autos. Die Tür zum Bahnwärterhäuschen öffnete sich. Mein französischer Retter und ein Mann mittleren Alters, der sich als Arzt und mit Namen vorstellte, traten ein. Mir fiel ein Stein vom Herzen. Er sah sich meine Platzwunde an, rasierte mir die Haare über der Stirn ab und nähte die Wunde zu. Ich dankte ihm. Wir unterhielten uns noch einige Zeit über den Krieg und die schrecklichen Ereignisse, als er mir das Angebot machte, mich in das Chateaux seines Freundes, zu einem Baron, zu fahren. "Dort können Sie sich erholen", meinte er. Ich sah ihn entgeistert an und glaubte plötzlich an Märchen. Nach der Verabschiedung von dem Bahnwärterehepaar und einer halbstündigen Autofahrt erreichten wir das angekündigte Schloß. Der Anblick war unvorstellbar! Hinter einer hohen bunt blühenden Hecke lag in einem prunkvoll angelegten Park das Chateaux. Der Arzt führte mich durch die Anlage bis zu einer großen breiten Marmortreppe vor dem Portal. Ein älterer, grau melierter, äußerst würdig und gütig erscheinender Herr öffnete uns die Tür, sah mich sehr erstaunt, aber freundlich, an und bat uns einzutreten. Der Arzt machte mich mit dem Baron bekannt und erzählte, wie es zu diesem unvorhergesehenen Besuch gekommen ist. Der Schloßherr bat mich in sehr gut verständlichem Französisch, sein Gast zu sein und führte mich in einen Salon. Ich hatte das Gefühl zu träumen. Er behandelte mich wie seinen leibeigenen Sohn. Bei einem vorzüglichen Wein fing er an, mir aus seinem Leben zu erzählen, daß er seit fünf Jahren Witwer und seine Ehe leider kinderlos geblieben ist. Er interessierte sich auch sehr lebhaft für mein Leben. Er wollte alles wissen und fragte mich immer wieder aufs Neue. Ich hatte den Eindruck, als will er mir jeden Moment einen Adoptionsantrag machen. Nach einem unvergessenen Aufenthalt in dieser gastfreundlichen Atmosphäre bis in die frühen Nachmittagsstunden meldete ich mich telefonisch bei der Kommandantur in Poitiers. Eine Stunde später traf ein Auto der Wehrmachtsstreife ein, die den Auftrag hatte, mich ins nächstgelegene Lazarett nach Niort zu bringen. Ich wurde dort der ärztlichen Behandlung übergeben. Da der Verdacht auf eine Gehirnerschütterung bestand, wurde mir angeraten, eine Woche in stationärer Behandlung zu bleiben. Obwohl ich mich in keiner Weise lazarettbedürftig fühlte, nutzte ich diesen Aufenthalt zu einer kurzen Erholungspause. Ich nahm zuerst einmal telefonischen Kontakt zu meiner Einheit in Tours auf, um mich als lebend zu melden. Mein Kommandeur war höchst überrascht, aber auch erfreut, daß er weiterhin mit mir rechnen konnte und wünschte mir gute Besserung. Der Lazarettaufenthalt entwickelte sich zu einer interessanten Zeit. Auf meinem Flur lagen drei Offiziere der SS-Division "Hitler-Jugend", die an der Invasionsfront verwundet worden waren. Ihre erlebnisreichen Schilderungen hatten mich fasziniert. Ich bekam einen eingehenden Bericht über diese Abwehrschlacht, in der um jeden Meter Boden im Bomben- und Artilleriehagel im Kampf Mann gegen Mann gekämpft wurde und hörte von der Aktivität französischer Widerstandskämpfer im Hinterland. Im Lazarett lag ein Soldat, der einen Überfall durch Partisanen wie durch ein Wunder überstanden hatte. Auf einer Kurierfahrt wurde sein Wagen in die Luft gesprengt. Trotz lebensgefährlicher Verletzungen war er auf dem Wege der Besserung. Die sieben Tage in Niort gingen zwar schnell vorüber, aber die Unruhe, daß in dieser Zeit etliche Feindflüge für mich verlorengingen und der ersehnte Weg bis zum Ritterkreuz ins Stocken geriet, plagte mich doch täglich. So war ich froh, daß meine Entlassung auf den Tag genau erfolgte. Mit dem Zug fuhr ich zurück nach Tours. Der Kopfverband, den ich noch trug, erregte überall Aufsehen; bei meinen Kameraden jedoch Heiterkeit.

Nadelstiche

Mit großer Bestürzung vernahm ich die Nachricht, daß während meiner Abwesenheit sechs Piloten meiner Staffel gefallen waren, darunter auch mein Staffelkapitän, Oberleutnant Stürmer. Ich hatte ihn als menschliches und militärisches Vorbild so sehr verehrt. Er war 22 Jahre alt, eine stattliche Erscheinung, schlank, sportlich, blaue Augen und blondes lockiges Haar, ein phantastischer Kamerad, gebildet und ein Mann mit vollendetem Form- und Stilgefühl. Er war in Kurzurlaub nach Berlin gefahren, um zu heiraten. Sein erster Feindflug nach der Rückkehr brachte ihm den Tod. Er vergaß bei der Landung die Landeklappen voll auszufahren und konnte die Maschine nicht mehr abbremsen. Er überschoß die Landebahn, überschlug sich und brach sich das Genick. Für uns alle unverständlich, er war so ein erfahrener Flugzeugführer mit über 100 Feindflügen. Anscheinend war er in Gedanken noch bei seiner jungen Frau. Sein Tod ging mir so nahe, als hätte ich meinen älteren Bruder verloren. Der Krieg nahm aber keine Rücksicht auf Gefühle, sondern verlangte von jedem, der noch lebte, Härte und Selbstbeherrschung. Es war reiner Selbsterhaltungstrieb. Aus aufgelösten Kampfverbänden der Luftwaffe wurden uns immer wieder neue Piloten zugeführt. Ich hatte als inzwischen dienstältester Offizier der Staffel den Auftrag, die Neuankömmlinge auf die Focke-Wulf umzuschulen und mit ihnen nebenbei Unterrichte über Fliegertaktik und Feindverhalten durchzuführen. Die Angst vor der Ungewißheit stand ihnen allen im Gesicht geschrieben, vom Hauptmann bis zum Unteroffizier. Sie lauschten ehrfürchtig meinen Ausführungen und Erfahrungen, die ich ihnen vermittelte. Ich versuchte sie so aufzubauen, wie man es mit mir getan hatte und führte sie langsam und mit viel Geduld an die neue Aufgabe heran. Die Angst vor dem "Todeskommando" konnte ich ihnen aber nicht nehmen, die mußten sie selbst überwinden. Es waren besonders die Älteren zwischen 25 und 30, die sich sehr schwer taten, und wie sich dann auch herausstellte, mehr oder weniger nur Kanonenfutter darstellten und die ersten Feindflüge schon nicht mehr überlebten. Inzwischen war die Normandiefront von den Alliierten durchbrochen, die amerikanischen Panzer überrollten alles, was sich ihnen entgegenstellte. Am 25. August fiel Paris.

Unsere Einsätze wirkten nur noch wie Nadelstiche. Die deutschen Stellungen boten kaum mehr ausreichenden Widerstand. Das allgemeine Frontlagebild war verworren. Die Meldungen waren nicht mehr aktuell. Nachschubeinrichtungen und Depots fielen in die Hände des Gegners oder wurden, wenn die Zeit es noch erlaubte, in die Luft gesprengt. Auch in unserer Nähe, nicht weit von Tours entfernt, war ein Depot für Bekleidung und Verpflegung, das sich in Auflösung befand. Es wurde für die Truppe freigegeben. Wir schickten unseren ganzen verfügbaren Kraftfahrtransportraum los, um aufzuladen, was noch zu ergattern war. Unsere Jungens hatten ganze Arbeit geleistet. Kistenweise Verpflegung, Zigaretten, Wein und Sekt, stapelweise Schokolade und was uns sehr überraschte, ein Lastwagen voll Damenunterwäsche für Luftnachrichtenhelferinnen. Wir waren für Monate versorgt mit Gütern und Tauschobjekten, die für Notzeiten mitgeführt werden konnten. Tatsächlich war bei Kriegsende noch etliches davon übrig. Am 26. August mußten wir Tours verlassen. Wir verlegten nach Beauvechain in Belgien, blieben dort eine Woche, flogen zwei Einsätze und erhielten am 3. September den Befehl, uns in Bonn-Hangelar neu zu formieren. Für mich war das eine Freudennachricht, war Hangelar doch nur sechs km von meinem Elternhaus in Troisdorf entfernt. Beinahe hätte ich den Verlegungsflug aber nicht lebend überstanden. Es war schlechtes Wetter mit tiefen Wolken und Regen. Als ich über dem Flugplatz aus den Wolken stieß und äußerst frech zu einer weiten Schleife über Troisdorf ansetzte, fing die 2 cm-Flak an, auf mich zu schießen. Sie hatten aber gottseidank kein Zielwasser getrunken. Vor Schreck riß ich die Maschine hoch und verschwand wieder in den Wolken. Ein zweiter Anflug, diesmal vorsichtig und nach Vorschrift, verlief dann ohne Vorkommnisse. Nach meiner Landung erfuhr ich, daß kurz vor mir einige Thunderbolts Tiefangriffe geflogen hatten und die Flak mich noch als Feind bekämpfen wollte. Die Staffeln unserer Gruppe wurden in ein Barackenlager in Buschbell bei Hangelar eingewiesen. Das Offizierkorps fand Unterkunft im Schloß Birlinghofen bei Niederpleis. Wir richteten uns hier sehr häuslich ein und fühlten uns schnell wohl in einer äußerlich für diese Zeit sehr komfortablen Umgebung. Unser Verband erhielt inzwischen einen neuen Namen. Wir hießen nun Nachtschlachtgruppe 20, abgekürzt NSG 20. Die Feindflüge wurden gleich wieder aufgenommen und richteten sich vorwiegend auf die gegen die deutsche Grenze vorstoßenden Panzerverbände der Amerikaner und gegen Nachschubeinrichtungen in Frankreich und Belgien. Zur Überraschung aller wurde der alliierte Vormarsch an der Roer gebremst. Es entwickelte sich ein zäher Stellungskrieg. Unsere Einsätze begannen meistens schon vor der Abenddämmerung, zu einer Tageszeit, als die Alliierten den Luftraum freigaben. Die Nacht gehörte dann wieder uns. Mit unseren Splitterbomben, Bordkanonen und Maschinengewehren bei künstlicher Ausleuchtung durch Fallschirmleuchtgrananten hatten wir über Arbeit nicht zu klagen. Wenn es das Wetter zuließ, flogen wir bis zu drei Einsätzen in einer Nacht. Trotz relativ kurzer Anflugzeiten bis zur Front, rissen die Verluste, besonders unter den neuen und noch unerfahrenen Piloten nicht ab. Es waren weniger die feindliche Flak als die englischen Moskito-Nachtjäger, die immer wieder überraschend auftauchten und uns zu schaffen machten.

Sie verfolgten uns bis zum Heimatplatz, um uns beim Endanflug zur Landung den Fangschuß zu geben. Kurz vor Erreichen unseres Flugplatzes gab unsere Bodenstelle wieder einmal Nachtjägeralarm. Im Kopfhörer empfing ich das gefürchtete "Indianer über Kantine, Platzbefeuerung nur im Notfall." Wir schwirrten mit mehreren Maschinen schon um den Platz. Jetzt gab es nur noch eins, schnellstens abhauen und weitab warten, bis die unerwünschten Burschen sich verzogen hatten. Nach einer Viertelstunde wurden wir zurückgerufen. Ganz geheuer war uns allen nicht. Aber irgendwie mußten wir ja runter, bevor der Sprit alle war. Vor mir lag der Platz, die Befeuerung war eingeschaltet. Nach einer engen Platzrunde kurvte ich zur Landung ein, Landeklappen und Fahrwerk raus, ich konzentrierte mich auf Fahrt, Gleitwinkel und Aufsetzpunkt, als mir von hinten eine Garbe Leuchtgranaten um die Ohren flog. Ich dachte, jetzt ist alles aus. Ich zuckte zusammen, drehte mich um und sah zwei glitzernde Propeller hinter mir. Instinktiv zog ich den Kopf ein, um Deckung zu suchen. Ich war wie gelähmt. Meine geringe Fahrt und die Höhe von 200 Metern ließen kein Manövrieren mehr zu. Mein Motor lief jedenfalls noch und die Maschine brannte auch nicht, kaum zu fassen, der Schutzengel mußte wieder einmal neben mir gesessen haben. So ein Uhrmacher, dachte ich, hängt der Kerl so nah hinter Dir und trifft nicht, kaum zu glauben. Muß wohl ein Anfänger gewesen sein, der selbst vor lauter Aufregung Muffensausen hatte, als er mich vor der Flinte hatte. Ich landete, rollte aus, kurvte noch leicht geschockt von der Startbahn ab, um sie nicht zu blockieren, sprang aus der Maschine und suchte das Weite. Ich dachte, die Kiste fliegt gleich in die Luft, aber nichts geschah.

Wie ein Wunder entkam ich der tödlichen Gefahr. Ich sah, wie der nächste von uns anflug. Er war noch ca. 100 Meter hoch, als der Tommy auch hinter ihm hing. Diesmal traf er besser und jagte dem armen Kerl die ganze Garbe in den Bauch; die Maschine fing sofort Feuer und stürzte ab, ein trauriges Schauspiel. Da nutzte keine Feuerwehr und kein Sankra mehr. Der Pilot, ein junger Unteroffizier, war tot und verbrannte.

Ein tragisches Weihnachten

Ende November führte mich ein Einsatz bei miserablen Witterungsverhältnissen in den Raum Maastricht. Das Wetter beim Start war neblig-trüb, die Nacht war finster und die Sicht zwischen 1 und 2 Kilometer. Eine geschlossene Wolkendecke erstreckte sich bis auf 4000 Meter. Nach der Vorhersage unseres Meteorologen war im Zielgebiet Rückseitenwetter mit aufgerissener Bewölkung und guter Sicht zu erwarten. Nach dem Start zog ich durch den Dreck bis über die Wolken, über denen der Mond unter einem tiefschwarzen sternenklaren Himmel hell leuchtete. Es ist jedesmal wieder ein faszinierendes Erlebnis, bei Nacht durch die Wolken zu stoßen. In der schwarzdreckigen Suppe reflektieren die Funken aus dem Auspuff. Es ist gruselig wie in der Hölle. Man wartet voller Spannung, bis man die Sterne am Himmel sieht. Mit äußerster Konzentration hängt man hinter dem Instrumentenbrett und plötzlich ist man draußen. So war es auch diesmal wieder. Gespenstisch, die geschlossene, hellgraue, fast weiße Wolkendecke unter mir, oben die Sicht unbegrenzt, der Mondschatten meiner Maschine über die Wolken huschend und tief unten das neblig-trübe Novemberwetter im Dunkel der Nacht zu wissen. Ich genoß wie ein Vogel die Freiheit des Fliegens in vollen Zügen. Plötzlich wieder, wie schon so oft, der 7. Sinn - ich hatte ein ungutes Gefühl. Verdammt, dachte ich, das ist Wetter für die Nachtjagd. Wie vom unsichtbaren Blitz getroffen, durchzuckte mich der Gedanke, hinter Dir hängt einer. Ich riß instinktiv meine Maschine steil nach links zur Seite, fast um 180 ^{0}, tatsächlich, ich traute meinen Augen nicht, unfaßbar, ganz nah der schwarze Rumpf einer Moskito, die Propeller im Mondschein glitzernd, ich hätte sie fast greifen können. Das Blut schoß mir in den Kopf, mein Puls schlug auf Hochtouren. Mein siebenter Sinn hatte mich auf die Sekunde genau gewarnt. Hätte ich die Maschine nur Bruchteile von Sekunden später herumgerissen, ich wäre ein toter Mann gewesen. Jetzt aber waren meine Gedanken hellwach, ich war in einer phantastischen Position, schräg unter mir der Tommy, der sicher erschrocken, aber auch enttäuscht war, daß ihm eine fette Beute entangen war. Nun war ich plötzlich der Jäger und er der Gejagte. Ich wollte mich wie ein Habicht von hinten oben auf ihn stürzen, um ihm eins überzubraten, aber kurz bevor ich ihn im Visier hatte, stellte er seine Maschine auf den Kopf und rückte sie in die Wolken, Ich schoß ihm zwar noch einige Salven hinterher, um ihm noch einen Denkzettel zu verpassen, ob er angekommen ist, wissen aber nur die Götter. Schade, ich hätte zu gerne als Kampfflieger meinen ersten Abschuß gefeiert. Nicht jeder von uns hatte so viel Glück wie ich. Wie grausam das Schicksal sein kann, zeigte mir das tragische Ende des Fliegerlebens meines Freundes, Oberfähnrich Leupold. Er kam im Sommer 1944 zu uns und hatte schon fast 50 Feindflüge hinter sich, ein stets froh gelaunter Junge, der immer zu Späßen aufgelegt war. Es war in der zweiten Novemberhälfte, als er von einem Nachteinsatz nicht mehr zurückkam. Einer aus unserer Staffel meldete sich nach seiner Rückkehr, er hatte beobachtet, wie eine Maschine im Angriffsgebiet von der feindlichen Flak in Brand geschossen wurde, glühend zur Erde stürzte und explodierte. Das konnte nur Poldi, wie Leupold genannt wurde, gewesen sein, denn alle anderen waren wieder zu Hause. Wir hatten auch kein Lebenszeichen mehr von ihm. Nach zwei Wochen erklärten wir ihn als vermißt. Für uns war er tot, einer von vielen. Heribert Batz und ich verpackten den Privatbesitz aus seiner Stube, verfaßten einen Kondolenzbrief an seine Eltern und schickten alles fein säuberlich verpackt an seine Heimatadresse. Es war am 20. Dezember, als nachmittags ein Wagen vor unserer Unterkunft vorfuhr und hielt. Die Tür ging auf und wer stieg aus? Poldi! Wir glaubten an ein Gespenst, das konnte doch nicht wahr sein. Wir sahen einmal, zweimal, aber wirklich, wir hatten uns nicht getäuscht, es war unser Poldi. Sein Gesicht war voller Brandnarben und seine Hände in Mull gewickelt. Wir fielen uns um den Hals. Wir stellten Fragen. Er war aus der brennenden Maschine mit dem Fallschirm abgesprungen, hatte sich dabei schmerzliche Brandwunden zugezogen und war in ein Lazarett eingeliefert und dort behandelt worden. Wir hatten nie eine Nachricht bekommen.

Jetzt war er plötzlich wieder da. Einfach nicht zu glauben. Wir haben alle gelacht, als wir ihm von unserem Brief an seine Eltern erzählten. Ein Telegramm an sein Zuhause mußte schnellstens alles klären. Er sollte eigentlich ein paar Tage Urlaub machen, aber Poldi wollte nicht, er wollte bei uns bleiben und mit uns Weihnachten feiern. Es war am Heiligen Abend, statt einer Feier noch ein Nachteinsatz auf dem Programm. Wir standen gerade vor unseren Maschinen, als ein feindlicher Bomberverband auf unseren Platz einkurvte. Wir vermuteten nichts Böses, als auch schon die ersten Bomben fielen. Jeder rannte Hals über Kopf in Deckung, um sich in Sicherheit zu bringen, auch Poldi, der eigentlich nichts bei uns am Platz zu suchen hatte. Er wollte nur wieder die Einsatzatmosphäre schnuppern. Wir hörten einen Schrei, ein Stöhnen, es war Poldi, der arme Bursche, dem von Bombensplittern beide Beine abgeschlagen wurden. Jede Hilfe von uns kam zu spät. Er verblutete und starb in unseren Armen. Es war ein trauriges Weihnachten. Unser Platz war zerbombt, ans Feiern dachte keiner mehr, ein Teil unserer Maschinen war schwer beschädigt. Der geplante Einsatz mußte ersatzlos gestrichen werden. Mit den noch einsatzklaren Maschinen verlegten wir am nächsten Morgen auf einen provisorisch hergerichteten Feldflugplatz in der Wahner Heide. Für jedes beschädigte Flugzeug, darunter auch meine "Rote 2" mußten neue beschafft werden, aber woher? Die Frage war schnell beantwortet. In der Nähe des Frankfurter Rhein-Main Flughafens in einem Waldgelände standen nagelneue Focke-Wulf 190, frisch aus der Fabrik. Wir hatten den Befehl, uns aus dem Bestand den erforderlichen Ersatz abzuholen. Mit dem Wagen fuhren wir hin und suchten uns aus einem reichhaltigen Angebot das beste aus und überführten die Maschinen auf dem schnellsten Weg nach Wahn.

Ardennenoffensive

Meine neue Maschine war Klasse, aber der Platz, auf dem wir jetzt stationiert waren, war, gelinde gesagt, kaum mehr zumutbar. Als Start- und Landebahn diente eine Wiesenfläche von gut 1000 Meter Länge, die man nur mit exakten Ziellandungen anfliegen konnte. Nachts wurden einige Panzerhandlampen aufgestellt, um Anfang und Ende der Startbahn sowie den Aufsetzpunkt zu markieren.

Einleitpunkt, Anflugbefeuerung und Orientierungshilfen gab es nicht. Eine alte Reichsarbeitsdienstbaracke wurde zum Gefechtsstand und Aufenthaltsraum umfunktioniert. Nach den Einsätzen wurden die Maschinen über Feldwege in Waldschneisen gezogen, um sie einigermaßen getarnt abzustellen. Man mußte schon eine gehörige Portion Erfahrung und Glück haben, um auf diesem Platz bei Nacht heil runterzukommen. Das mußte ich als alter Hase am eigenen Leib erfahren. Nach Rückkehr vom Feindflug hatte ich Mühe, den Platz zu finden. Bei mäßiger Sicht und tiefhängenden Wolken erkannte ich nach lägerem Suchen in der Dunkelheit endlich die schwach leuchtenden Panzerhandlampen am Boden. Zweimal verlor ich die Lichter in der Anflugplatzrunde aus den Augen und verpaßte die Landerichtung, beim dritten Mal mußte ich durchstarten, weil meine Maschine am Aufsetzpunkt noch zu hoch war. Erst beim vierten Anflugversuch setzte ich genau an der ersten Lampe auf. Ich mußte voll in die Bremsen treten, um den Schlitten schweißgebadet bis zum Platzende zum Halten zu bringen. Ein Stein fiel mir vom Herzen. Gottseidank dauerte der Aufenthalt in Wahn nur drei Wochen. Die Ardennenoffensive, die uns seit Mitte Dezember voll in Anspruch nahm, ging zu Ende. Ein Durchbruch der Amerikaner in Elsaß-Lothringen in Richtung Rhein veranlaßte die militärische Führung, uns am 20.

Januar nach Germersheim in Baden zu verlegen, um von hier aus die eigenen Truppen zu unterstützen und den Vormarsch des Feindes nach Osten zu stoppen. Tagsüber konnten wir uns nicht blicken lassen, die feindliche Luftüberlegenheit war unerträglich. Wir bestaunten die amerikanischen Bomberströme, die kaum abrissen. Es war ein herrlicher Sonnentag, als wieder einmal ein Pulk Boeing B-17 über uns hinwegflog. Die schwere Flak eröffnete das Feuer und versuchte, den einen oder anderen abzuschießen. Plötzlich sahen wir, wie eine Maschine nach einem Volltreffer in Brand geriet. Wir erkannten Sekunden später einzelne Pünktchen am Himmel, es war die Besatzung eines Bombers, die sich mit dem Fallschirm rettete. Sie kamen näher. Wir sprangen in unsere Fahrzeuge, um sie bei ihrer Landung in Empfang zu nehmen. Es waren acht Mann, die kurz hintereinander in ihren khakifarbenen Fliegerkombinationen auf der Erde landeten. Wir gingen auf sie zu, als sie ihre Fallschirme zusammenrafften. Sie sahen uns erschrocken und verängstigt an. Sie hoben ihre Hände zum Zeichen der Aufgabe. Sie glaubten wohl, jetzt hat ihr letztes Stündchen geschlagen und wir würden sie erschießen. Nein, nein, wir hatten überhaupt kein Haßgefühl und ließen sie das gleich merken. Wir streckten ihnen die Hand entgegen und begrüßten sie mit "Hallo, boys, we hope, you are o.k." Sie konnten das alles gar nicht fassen. Die Angst stand ihnen immer noch im Gesicht geschrieben. Wir forderten sie auf, in unsere Autos zu steigen und mit uns zum Drink ins Kasino zu fahren. Ungläubig kamen sie unserer Aufforderung nach. Wir fuhren tatsächlich mit ihnen dorthin. Ein leichtes Lächeln entkrampfte langsam ihre Angst. Sie wuschen sich die Hände, wir begleiteten sie an unsere Bar und nahmen alle miteinander Platz. Wir waren plötzlich Freunde, Fliegerkameraden mit gleichem Schicksal. Wir tranken, lachten und unterhielten uns, es war für alle kaum faßbar. Am späten Nachmittag mußten wir uns leider von den Burschen trennen, sie, um in Gefangenschaft zu gehen und wir, um uns auf den nächtlichen Einsatz vorzubereiten. Nach drei Wochen waren uns die Amis bis auf 20 km auf den Pelz gerückt, für uns war es nun höchste Eisenbahn, wieder abzuhauen. Der Flugplatz Hangelar war inzwischen wieder provisorisch hergerichtet und unserer Rückverlegung stand nichts mehr im Wege. Wir nahmen unsere Einsätze aus den alten Löchern in bekannter Umgebung neuerlich auf. Der Frontverlauf hatte sich seit Ende der Ardennenoffensive nicht wesentlich geändert. Um Düren und Jülich wurde nach wie vor hart gerungen. Ende Februar war aber die Verteidigungskunst unserer Truppen an der Roer zu Ende. Die Amis durchbrachen die deutschen Stellungen mit dem Ziel, das Westufer des Rheins zu erreichen. Unsere Angriffsziele lagen nun schon fast vor der Haustür. Wir hatten hart mit unserem Gewissen zu kämpfen, war es doch nun die eigene Bevölkerung, die jetzt durch uns noch in Mitleidenschaft gezogen werden konnte. Es war eigentlich nicht mehr zu verantworten, was wir jetzt taten. Man muße jedesmal seinen inneren Schweinehund überwinden. Bomben und Bordwaffen mußten so gezielt eingesetzt werden, um möglichst keine Zivilisten zu gefährden. Das war wahrhaftig nicht leicht. Wir hielten uns fast ausschließlich an Truppenbewegungen auf offenen Straßen. Der feindliche Vormarsch ging zwar nur langsam voran, aufzuhalten war er jedoch nicht. Anfang März wurde die Situation für uns in Hangelar äußerst brenzlig. Die Amerikaner hatten Köln und Bonn erreicht. Eine erneute Verlegung wurde ins Auge gefaßt. Man sprach von Twente, einem Flugplatz in Holland.

Die Brücke von Remagen

Bevor es jedoch so weit war, kam es noch einmal für mich knüppeldick. Es war am 7. März. Um 13.30 Uhr wurden alle Flugzeugführer der Gruppe zum Gefechtsstand befohlen. Major Dahlmann stellte sich vor uns auf: "Männer", begann er mit ernster Miene, "den Amerikanern ist es gelungen, im Handstreich die Remagener Brücke zu nehmen und einen Brückenkopf auf dem Ostufer des Rheins zu bilden. Der Führer hat befohlen," so hieß es wörtlich, "die Brücke ist mit allen verfügbaren Mitteln zu zerstören, um im Gegenangriff die Amerikaner auf das Westufer des Rheins zurückzuwerfen, notfalls hat sich eine Besatzung unserer Gruppe unter Aufopferung des Lebens mit der Bombe auf die Brücke zu stürzen." Wir sahen uns betreten und schweigend an. Man hätte eine Stecknadel fallen hören können. Unbehagen machte sich breit. Auf die Frage unseres Kommandeurs nach einem Freiwilligen meldete sich keiner. Major Dahlmann machte keinen Hehl aus seiner Überzeugung, daß ein derartiger Auftrag unseriös sei. Er verließ den Gefechtsstand, um mit der Luftflotte zu telefonieren und den Vorschlag zu machen, mit zwei Maschinen und erfahrenen Piloten im Tiefflug die Brücke konventionell zu bombardieren. Nach 20 Minuten kam er zurück. Dem Antrag wurde stattgegeben. Ein allgemeines Aufatmen.

"Leutnant Zebrowski und Oberfähnrich Batz, Sie werden mit dem Unternehmen beauftragt." Wir sahen uns in die Augen, nahmen Haltung an und mit einem "Jawohl, Herr Major" stand ein Auftrag bevor, der zwar äußerst risikoreich, aber für uns junge Burschen verlockend interessant war. Wir holten die neueste Feindlage bei Major Sarre-Noel, unserem 1 C, ein, informierten uns beim Meteorologen genauestens über das Wetter und machten uns an die

Flugvorbereitung. Der Einsatz war nur im Tiefstflug durch das Rheintal möglich, um gegen feindliche Jäger und die Flak vor allem im Zielgebiet geschützt zu sein. Der Befehl sah vor, in Frankfurt Rhein-Main zu landen, dort zu tanken, zu übernachten, und am nächsten Morgen vor Sonnenaufgang nach Hangelar zurückzufliegen. Heribert und ich legten einen genauen Schlachtplan fest und meldeten uns beim Kommandeur ab, der uns mit einem Handschlag auf die Schulter alles Gutes wünschte und mit einem "Macht's gut, Jungens" verabschiedete. Am Nachmittag um 16.00 Uhr war dann endlich Start. Nach einer Schleife um den Flugplatz tauchten wir hinter Bonn in das Rheintal ein, Flughöhe etwa 10 Meter über dem Wasser, und nahmen eine enge Rottenformation zum gegenseitigen Schutz ein, links vorne ich und rechts hinter mir Heribert. Wir flogen jede Rheinkurve über dem Wasser aus, um ständig in Deckung zu sein. Obwohl die Flugstrecke nur kurz war, schien die Zeit ewig. Plötzlich war es soweit, vor uns lag die verdammte Brücke in ihrer ganzen Spannweite, die Backsteintürme an den Ufern, das klobige Brückenbauwerk über dem Rhein, grau die Wolken, grau das Wasser. Heribert schloß zu mir auf. Er war rechts neben mir, ganz nah, wir winkten uns zu und hoben den Daumen zum Zeichen, daß alles klar war. Jetzt trennten uns nur noch ein paar hundert Meter vom Ziel. Den rechten Zeigefinger am Abzug für die Bordkanonen, den Bombenzünderschaltkasten auf Verzögerung eingestellt, die Bombe war scharf. Ich drückte den Steuerknüppel fest in die Hand, um mit der ganzen Maschine noch enger verbunden zu sein. Mit über 400 km/h huschten wir ganz tief übers Wasser, eröffneten zum eigenen Schutz das Feuer und schossen aus allen Rohren, als auch gleichzeitig die feindliche Flak vom Westufer zu ballern anfing, aber viel zu ungenau und zu hoch. Unsere Höhe war so niedrig, daß die Leuchtspur über uns hinwegsauste.

Wir erkannten im letzten Moment noch eine Pontonbrücke, lupften unsere Maschinen kurz an, um die Hauptbrücke nicht zu rammen, und klinkten unsere Bomben an den Pfeilern aus. Es ging alles vollautomatisch und programmäßig. Wir drückten unsere Vögel gleich wieder auf das Wasser. Unseren Kopf umzudrehen, um etwas zu sehen, dazu hatten wir keine Zeit mehr. Es war aber geschafft. Wir waren heilfroh und atmeten erleichtert auf, daß wir nichts abbekommen hatten. Der Flug nach Frankfurt war nur noch Routine.

Ein "blinder Passagier"

Am nächsten Morgen gings zurück nach Hangelar. Die Glückwünsche unserer Kameraden gingen allerdings in einer turbulenten Aufbruchstimmung unter, denn der Verlegebefehl nach Twente war da und löste Hals über Kopf die Maßnahmen zum Verlassen Hangelars aus. Die Fahrzeuge waren mit Masse schon in der Nacht in Marsch gesetzt worden. Auch die Flugzeuge hatten zum Teil den Platz schon verlassen. Das Wetter war schlecht, die Messung der Wolkenuntergrenze ergab 150 Meter. Die Maschinen mußten einzeln im Blindflug überführt werden. Nach Verladen meines gesamten Privatgepäcks plante ich meinen Start für elf Uhr. Als ich zur Maschine ging, wartete dort mein Oberwerkmeister, Oberfeldwebel Uhlmann, um mit mir zu fliegen. Er hatte sich im Rumpf der Maschine zwischen den Funkgeräten ein Plätzchen vorbereitet. Ich hielt das für unverantwortlich, weil er sich durch eine kleine Rumpfklappe zwängen mußte, um in unbequemster Lage, halb sitzend, halb liegend und nicht angeschnallt, unterzukommen. So hatte noch keiner einen Flug gewagt. Er ließ sich von dem Plan aber nicht abhhalten. Na gut, dachte ich, in einer halben Stunde hat er sein Martyrium überstanden. Um während des Fluges frische Luft zu haben, hatte er vorgesehen, die Klappe mit einem Draht leicht offenzuhalten. Punkt 11 Uhr gab ich Vollgas zum Start, stieß in die Wolken und blieb in 2000 Meter Höhe, um meinen Oberfeldwebel nicht unnötigem Sauerstoffmangel auszusetzen. Nach einer Viertelstunde Flugzeit traute ich meinen Augen nicht. In der grauen Wolkensuppe fing mein Motor an zu brennen. Öl quoll auf die Scheiben. Mein Gott, dachte ich, mit dem Fallschirm kannst Du nicht abspringen, weil der Kerl da hinten hilflos drinsitzt. Was blieb mir anderes übrig, als eine Notlandung aus dieser unmöglichen Situation im Blindflug zu machen. Brandhahn zu, der Motor stand, die Propeller drehten sich nur noch müde im Fahrtwind. Das Feuer war gottseidank aus. Ich warf das Kabinendach ab, um wenigstens zur Seite sehen zu können. Das Öl quoll aber weiter, die Maschine, die Vorderscheibe, alles war schwarz verschmiert. Im Gleitflug ging ich nach unten. Alles, was mir blieb, war die Hoffnung auf mein sprichwörtliches Glück. Was liegt wohl unter Dir, wenn Du aus den Wolken schießt, Häuser, eine Stadt, ein Wald? Ich wollte an gar nichts mehr denken, nur Angst hatte ich noch, aber versuchen mußte ich alles. Die Maschine andrücken und Fahrt halten, war die Devise. In 200 Meter Höhe schoß ich mit 300 Stundenkilometern aus den Wolken, unter mir, wie ein Wunder, freies Gelände, leicht schneebedeckte Wiesen, plötzlich Hochspannungsmasten vor mir. Ich drückte die Maschine unter die hängenden Leitungen, fing sie ab und setzte sie mit über 200 Stundenkilometern zur Bauchlandung an. Ganz zart und gefühlvoll setzte ich auf, schoß auf dem relativ weichen Untergrund durch Holzzäune und über Gräben, bis die Maschine stand. Ich holte tief Luft, es hatte mir die Sprache verschlagen. Ich schnallte mich los, sprang aus dem Cockpit und rannte zur Rumpfklappe, hinter der eingeklemmt mein lieber Oberwerkmeister saß. Er sah mich ungläubig und völlig erschrocken mit großen Augen an. Ich half ihm, sich zu befreien und auszusteigen. Keinem von uns war auch nur das geringste passiert. Er fiel mir um den Hals und dankte mir immer wieder für sein wiedergewonnenes Leben. Als er sich von dem Schock erholte hatte, gestand er mir, daß er den Tod vor Augen mit seinem Leben schon abgeschlossen hatte. Wir blieben noch eine Weile wie versteinert an der Maschine stehen und konnten das Wunder nicht fassen. 200 Meter von uns entfernt stand ein großes, mehrstöckiges, einzelstehendes Haus. Es sah aus wie ein Rathaus.

Wir gingen hin, als mehrere Nonnen in ihren Ordenstrachten auf uns zukamen, uns herzlich begrüßten und bestaunten. Das Haus war das Nonnenkloster und die Krankenpflegeanstalt von Beelen bei Münster. Wir wurden liebevoll beköstigt und mußten erzählen, was geschehen war. Plötzlich gesellte sich ein Mann zu uns, stellte sich als Ortsgruppenleiter vor, und bat mich um ein persönliches Gespräch. Wir verließen das Zimmer. Er fragte mich, was mit der Maschine geschehen soll. Ich sagte ihm: "Das liegt in der Entscheidung der Wehrmacht. Ich muß die nächste Polizeidienststelle verständigen." Er sah mich an, sagte zunächst gar nichts, dann machte er mir überraschend ein Angebot. "Herr Leutnant", sagte er, "ist es möglich, den Sprit zu enttanken. Ich gebe Ihnen Geld dafür." Ich sah ihm sehr entrüstet in die Augen und merkte, wie der Mann plötzlich vor Nervosität zitterte. Er stand wie ein Häufchen Elend vor mir. Ich nahm ihn beiseite: "So einfach, wie Sie sich das denken, geht das nicht. Ich mache Ihnen aber einen Vorschlag. "Holen Sie Ihren Wagen, wir tanken ihn voll und Sie fahren uns nach Gronau bis zur Grenze." Er ging auf den Vorschlag freudig ein. Oberfeldwebel Uhlmann half ihm beim umtanken. Wir verabschiedeten uns von den Nonnen, setzten uns in das Auto des Ortsgruppenleiters und ließen uns nach Gronau chauffieren.

Der Ring wird enger

An der Grenzstation nahmen wir sofort telefonischen Kontakt nach Twente zu unserer Staffel auf, die uns ein Fahrzeug schickte und abholte. Am Nachmittag waren wir wohlbehalten, aber leider ohne unser Flugzeug, wieder im Kreise unserer Kameraden. Die äußeren Umstände in Twente waren fast friedensmäßig. Der Flugplatz und seine Einrichtungen waren vom Krieg noch völlig verschont geblieben und unbeschädigt. Das Kasino, in dem wir wohnten, machte einen äußerst gepflegten Eindruck. Hier konnte man sich wirklich wohlfühlen. Die Holländer waren trotz der Tatsache, daß wir nicht gerade gebetene Gäste in ihrem Land waren, sehr freundlich und aufgeschlossen. Das kam besonders äußerlich zum Ausdruck, indem sie uns reichlich mit zusätzlicher Frischverpflegung wie Butter und Eiern versorgten. Fliegerisch hatten wir es nun hauptsächlich mit den Engländern zu tun, die sich seit Herbst 1944 in dem Brückenkopf um Arnheim festgesetzt hatten. An diesem Frontabschnitt waren immer wieder deutsche Erfolge zu verzeichnen. Die Alliierten kamen trotz großer Anstrengungen kaum weiter. Besonders nachteilig wirkten sich für den Angreifer die weit verzweigten Flußnetze aus. Unsere Hauptziele waren jetzt fast ausschließlich Brücken im Feindgebiet, die noch intakt waren. Zuerst mußte ich mir aber wieder eine neue Maschine zurechtschneidern. Es war die Brücke von Nymwegen, die in den nächsten Nächten für uns zum Alptraum wurde. Wir flogen uns ein wie die Bienen und kannten den Anflugweg bald schon im Traum. Die roten Perlenschnüre der leichten englischen Flak verrieten uns schon frühzeitig das Ziel. Es war weniger ein gezieltes als vielmehr ein Rundumfeuer, um uns am gezielten Bombenabwurf aus niedriger Höhe zu hindern. Wir erkannten die weitgespannte

Brücke über dem glitzernden Rhein jedesmal ganz genau und versuchten alles, um das Bauwerk zum Einsturz zu bringen. Wir flogen die Brücke längs, quer und diagonal an, trafen sie auch und beschädigten sie, aber der volle Erfolg, der Zusammenbruch, war uns nicht vergönnt. Das besorgten erst die Kampfschwimmer der Marine, die ihre Sprengladungen an den Pfeilern montierten und die Brücke zerstörten. Der Ring der Alliierten um Deutschland zog sich inzwischen immer mehr zusammen. Die Amerikaner hatten weite Gebiete ostwärts des Rheins in festem Besitz, die Russen standen an der Oder. Viel Platz blieb für uns jetzt wirklich nicht mehr. Trotzdem verloren wir nicht den Mut und die Hoffnung, wie sollte man das auch in einem Alter von 21 Jahren in seiner ganzen Naivität und ohne jedes objektive Beurteilungsvermögen, zumal ich für Tapferkeit und Erfolg zum Deutschen Kreuz in Gold eingereicht wurde. Schließlich hatte man uns noch Wunder versprochen, aber nur, wenn wir durchhielten. Und so wollten wir nicht an einer Niederlage schuld sein. Letztenendes hatten wir tapfer gekämpft und viele Opfer gebracht, das konnte doch nicht umsonst gewesen sein. Also wurden die Ärmel noch einmal hochgekrempelt. Wir verlegten am 1. April nach Vörden bei Osnabrück. Von hier aus flogen wir in alle Himmelsrichtungen, überall dorthin, wo es brannte. Es war ein letztes Aufbäumen, ändern an der Misere konnten wir aber nichts mehr. Die allgemeine Lage wurde immer unübersichtlicher. Der Frontverlauf änderte sich stündlich, Durchbrüche der Amerikaner wurden uns nicht mehr rechtzeitig gemeldet. Es war Anfang April, als das Gerücht umlief, amerikanische Panzer sind nördlich Bersenbrück an der Eisenbahnlinie Bramsche - Quakenbrück gesichtet worden. Major Dahlmann beauftragte mich, mit unserem Fieseler-Storch einen Aufklärungsflug durchzuführen und zu erkunden, ob die Meldung stimmt. Verflucht, dachte ich, wieder so ein dämliches Himmelfahrtskommando. Dieser langsame Vogel und keine Abwehrchance. Ich machte mich, innerlich unwillig, auf den Weg, wohl war mir bei diesem Auftrag nicht. Mehr schleichend als fliegend pirschte ich mich abseits von Straßen in Bodennähe, immer in Anlehnung an natürliche Hindernisse, um nicht unangenehm überrascht zu werden, in Richtung Westen. Ich erreichte endlich die Bahnlinie, wagte mich sogar noch etwas weiter, weil ich bislang nichts von Panzern gesehen hatte. Gottseidank blieb es bei dieser Beobachtung. Ich kehrte um und war heilfroh, als ich den Vogel wieder unbeschädigt auf dem Flugplatz gelandet hatte. Zwei Wochen dauerte der Aufenthalt in Vörden, dann zogen wir wieder weiter. Unser nächstes Ziel war Hagenow in Mecklenburg, nicht weit von der Elbe entfernt. Wir sollten von hier aus gegen den Russen eingesetzt werden, die mit ihren Spitzen vor Berlin lagen. Es kam zu insgesamt nur fünf Einsätzen, jeweils in der Abenddämmerung. Diese Einsätze waren uns sehr unheimlich, wollte doch keiner hier abgeschossen werden und in russische Gefangenschaft kommen. Ein trauriges und auch tragisches Erlebnis erinnert mich an Hagenow. Leutnant Heß, unser ältester und erfahrenster Pilot, fand hier seinen Fliegertod. Er, der im April 1944 in England sein Husarenstück leistete, als er aus einem rückkehrenden Bomberverband der Alliierten bei Nacht drei viermotorige Maschinen in der Platzrunde abschoß, hatte Geschichte im Schnellkampfgeschwader 10 gemacht. Als Ostpreuße konnte er es nicht ertragen, daß seine Heimat von den Russen besetzt war. Er suchte den Tod. Am Nachmittag des 22. April flogen fünf Spitfires in der Nähe unseres Platzes Tiefangriffe. Er stieg, ohne ein Wort zu sagen, in seine Maschine und forderte die Tommys zum Luftkampf heraus. Das Unternehmen war so sinnlos, wie es nur sein konnte. Über dem Platz, wir nahmen Deckung in unseren Einmannlöchern, entwickelte sich die Feuerschlacht. Sein Mut war unübertrefflich. Er kurvte gegen vier Spitfires und war gerade in bester Abschußposition hinter dem letzten, als aus der Überhöhung der 5. auf ihn wie ein Habicht nach unten stieß und ihm die MG-Garben voll in seine Maschine fetzte. Es war der Todesstoß. Die Focke-Wulf brannte und stürzte fast senkrecht mitten auf den Platz. Es war ein trauriger Anblick. Wir waren entsetzt. Am 28. April ging der Befehl ein, nach Jagel in Schleswig-Holstein zu verlegen. Es war höchste Alarmstufe, wenn wir nicht Gefahr laufen wollten, im Mecklenburgischen Sack von den Russen überrannt zu werden. Die Engländer hatten Lauenburg an der Elbe erreicht und drohten, uns durch die Einnahme des Elbe-Trave-Kanals den Zugang nach Schleswig-Holstein abzuschneiden. Wir kamen in letzter Minute mit allem, was wir hatten, vor allem den noch verbliebenen Flugzeugen, in Jagel an. Der Platz war überfüllt. Der Rest der deutschen Luftwaffe hatte sich dorthin zurückgezogen. Ein letzter Plan, nach Norwegen zu verlegen, wurde von der Luftwaffenführung nicht mehr genehmigt. So war, das konnte sich nun jeder ausmalen, hier wohl der Ort, an dem wir den Krieg zu beenden hatten.

Letzter Flug

Die Niederlage und damit die Kapitulation war auch für den letzten Optimisten unabwendbar. Mit einer Gefangenschaft wollte ich mich aber nicht abfinden. Es war am 5. Mai, als der letzte Einsatz stattfand, ein Angriff gegen Panzerspitzen der Engländer vor Bad Oldesloe. Meine Staffel verfügte noch über vier einsatzklare Maschinen, die für das Unternehmen vorgesehen waren. Ich hatte mich schon seit einiger Zeit mit dem Gedanken befaßt, mich im Falle einer Kapitulation in die Schweiz zu meinem Onkel abzusetzen. Ein utopischer Gedanken, aber wenn er verwirklicht werden sollte, dann nur noch jetzt mit einem der letzten verfügbaren Flugzeuge. Ich zog meinen Freund Heribert Batz und den Technischen Offizier unserer Gruppe, Oberleutnant Lorenz, in mein Vertrauen. Ich versorgte mich mit zwei Stangen Zigaretten und reichlich Schokolade und einigen Paketen Kekse als Notproviant, die ich in meiner Fliegerkombi verstaute. Mein Ziel war es, so nahe wie möglich an die Schweizer Grenze zu fliegen, dort mit dem Fallschirm abzuspringen und mich zu Fuß bis nach Rorschach, dem Wohnort meines Onkels, durchzuschlagen. Nach dem Start im letzten Büchsenlicht flog ich auf die Elbe zu, warf meine Bombe blind ins Wasser, ging auf 4000 Meter Höhe und nahm Kurs in Richtung Süden. Sollte es der letzte Flug meines Lebens sein? Die Nacht wurde dunkel, unter mir eine geschlossene Wolkendecke, über mir ein herrlicher Sternenhimmel, phantastisch die Ruhe. Der Motor lief wie ein Uhrwerk. ich wollte mein Fliegerleben noch einmal in vollen Zügen genießen. Trotzdem war es traurig, die Erlebnisse der Feindflüge, mein Geschwader, meine Kameraden, alles war nun aus. Wie sollte es nur weitergehen? Ich fand keine Antwort. Ich konzentrierte mich wieder auf meinen Flug. Die Wolken lösten sich langsam auf. Ich hatte Bodensicht. Nach meiner Zeitberechnung mußte unter mir der Raum um Frankfurt liegen. Ich verbesserte den Kurs auf Südwest , um an den Rhein zu kommen. Vor mir erkannte ich eine hellbeleuchtete Großstadt, es war Straßburg. Ich ging auf Südkurs und blieb östlich des Rheins, dessen Flußverlauf ich gut erkennen konnte. Vor mir war alles finster, kein Licht, es war der Schwarzwald. Der Tank war fast leer. Nur noch wenige Minuten, dann mußte ich mich fertigmachen zum Absprung und Abschied nehmen von meiner "Roten 2". Ich wollte das Kabinendach abwerfen, drückte auf den Spranghebel, es tat sich aber nichts, Ich kurbelte das Dach auf, legte einen Sturzflug ein, der Wind packte die Glaskanzel und riß sie ab. 3000 Meter zeigte mein Höhenmesser, ich überprüfte ein letztes Mal den Sitz des Fallschirms, löste den Verschluß der Schultergurte, zog die Füße aus den Pedalen, sah mich noch einmal um, holte tief Luft und drückte den Steuerknüppel nach vorne. Schwerelos hob es mich aus der Maschine. Sie glitt in den Abgrund, ich hätte heulen können. Nun hieß es aber, klaren Kopf behalten. Im Gefühl der Schwerelosigkeit ließ ich mich ungefähr 2000 Meter durchfallen, dann erst zog ich die Reißleine des Fallschirms, ein Ruck, der Schirm öffnete sich, ich hing in den Seilen. Die Detonation der Maschine erhellte nach dem Aufschlag die stille dunkle Nacht. Es war ein riesiges Feuerwerk, in dem Feuerball explodierten immer wieder die Granaten der Bordkanonen. Ich war nicht mehr hoch und erkannte den Boden. Er kam näher, ich pendelte noch einmal den Fallschirm aus, zog die Beine an, ein Schlag, ich saß am Boden, mitten in einer weichen, saftigen Kleewiese. Ich holte eine Zigarette aus meiner Tasche, zündete sie an und versuchte, mich zu beruhigen. Es war still, alles schien zu schlafen. Nur noch in der Ferne detonierten vereinzelt Teile meiner abgestürzten Maschine.

Ich rollte den Fallschirm zusammen, legte ihn unter einen Baum am Rand der Wiese, setzte mich hin und wartete die Zeit ab, als aus der Richtung der abgestürzten Maschine Töne von Feuerwehrsirenen zu mir drangen. Fahrzeuge tauchten in meiner Nähe auf und suchten mit Scheinwerfern das Gelände ab. Ich preßte mich flach an den Boden, um nicht entdeckt zu werden. Nach einer Stunde beruhigte sich alles wieder. Die Luft schien rein zu sein. Hier konnte ich nicht bleiben. Ich mußte irgendwo in einem Dorf Unterschlupf finden und machte mich auf den Weg. Nach mühsamer Überwindung einiger Weidezäune und kleinerer Wasserläufe erreichte ich endlich einen Feldweg, von dem ich glaubte, daß er irgendwo hinführt, wo Menschen wohnen. Es war aber alles dunkel, nirgendwo ein Licht. Je mehr die Zeit verstrich, um so mehr Unruhe packte mich. Der Feldweg führte mich in ein Waldstück. Ich verlor die Orientierung. Um nicht im Kreis zu laufen, suchte ich mir einen Stern als Anhaltspunkt. Die Stille der Nacht war es, die mich verrückt machte. Jedesmal, wenn ich auf ein morsches Knüppelholz trat und es krachte oder ein Ast mich ins Gesicht traf, erschrak ich mich fast zu Tode. Vor meinen Augen tanzten plötzlich Gespenster. Ich blieb stehen und dachte nach, dann stolperte ich weiter. Der Wald kam mir vor wie eine Geisterbahn im Labyrinth. Jede Minute erschien mir ewig. Die Verzweiflung überkam mich, als ich endlich wieder Ackerboden unter meinen Füßen fühle und den Sternenhimmel in seiner ganzen Pracht sah. Wo war nur mein Stern geblieben, den ich mir als Orientierungshilfe eingeprägt hatte? Ich fand ihn und lief auf ihn zu, solange bis die aufgehende Sonne den Horizont erhellte. Endlich, im Büchsenlicht des Morgens erkannte ich die Konturen eines Kirchturms, den ich nichtmehr aus den Augen ließ und ansteuerte. Ich stieß auf einen Friedhof am Rande einer kleinen Ortschaft. Kein Mensch weit und breit. Ich suchte Schutz hinter einem Grabstein, setzte mich auf die Erde und beobachtete, ob die Luft rein war. Dann ging ich vorsichtig in das noch schlafende und menschenleere Dorf, sah mich nach allen Seiten um und klingelte etwas zögernd an der Tür eines Bauernhauses. Ein alter Mann im Nachthemd stand vor mir, sah mich erschrocken und verwirrt an. Er stammelte in seinem badischen Dialekt: "Was ist das denn, sind die Deutschen wieder hier?" Ich drückte ihn zurück und nahm meinen Zeigefinger an den Mund: "Leise, leise", sagte ich, "ich bin ein deutscher Pilot, mit dem Fallschirm abgesprungen und suche ein Versteck." Er zog mich hastig in die Wohnung, bot mir einen Stuhl in der Küche an und weckte seine Familie. Wir stellten uns gegenseitig vor. Salomon war sein Name. Nach und nach kamen sie rein in die Küche, der Jungbauer und seine Frau, dann die drei Enkelkinder. Sie bestaunten mich wie das 7. Weltwunder, es hatte allen die Sprache verschlagen. Langsam löste sich das Schweigen. Wir kamen ins Gespräch. Meine erste Frage: "Wo bin ich?" beantwortete der Großvater: "In Meißenheim." Ich stutzte und wollte mehr wissen. "Wo liegt das denn?" Der alte Mann holte einen Atlas aus dem Küchenschrank und suchte. Endlich hatte er die Seite gefunden und zeigte mir die Stelle, wo Meißenheim lag. "Meine Güte, dachte ich, bis zur Schweizer Grenze ist es aber ein ganz schönes Stück." Ich erklärte meinen Gastgebern, was ich vorhatte. "Ich habe einen Onkel in der Schweiz und will versuchen, mich dorthin durchzuschlagen." Der Alte schüttelte den Kopf. "Das wird nicht möglich sein, ich habe gehört, daß die Schweizer ihre Grenzen geschlossen haben und keinen Deutschen reinlassen. Die es versucht haben, sollen an die Franzosen, die hier als Besatzungstruppen stationiert sind, ausgeliefert worden und in Gefangenschaft gekommen sein. An Ihrer Stelle würde ich versuchen, mich nach Köln, wo Ihre

Eltern wohnen, durchzuschlagen." Er versuchte mir das so lange klarzumachen, bis ich mich tatsächlich mit diesem Gedanken ernsthaft beschäftigte. " Ich schlage Ihnen vor", bot er mir an, "ein bis zwei Tage hier zu bleiben und alles in Ruhe zu planen." Damit war ich einverstanden.

Nach Köln

Ich studierte stundenlang den Atlas, prägte mir alle Ortschaften ein, die auf der Route nach Köln lagen und zirkelte die einzelnen Entfernungen eventueller Etappen ab. Am 7. Mai hatte ich dann endlich meinen Entschluß gefaßt. "Herr Salomon, morgen früh haue ich ab." Am letzten Abend tranken wir noch gemütlich eine Flasche Wein zusammen. Meine braunlederne Fliegerkombination, die Pistole und die Uniform bis auf die Stiefel, die für meine Wanderung lebensnotwendig waren, übergab ich den Wirtsleuten zu treuen Händen mit der Bitte, alles im Stroh der Scheune so lange versteckt zu halten, bis ich die Sachen eines Tages wieder abhole. Mit einer alten durchlöcherten Arbeitskluft kleidete man mich neu ein, ein Anblick zum Weglaufen. Er gab mir eine Hacke, die ich über der Schulter tragen sollte, als äußerlich sichtbares Zeichen, daß ich tatsächlich wie ein Landarbeiter aussah. Ein Säckchen Marschverpflegung, bestehend aus einem Brot und einem Stück Schinken, sollte mir über den ersten Tag auf dem Weg ins Ungewisse hinweghelfen. Außerdem verstaute ich noch 300 Zigaretten und einige Tafeln Schokolade aus meinem Notproviant. Am 8. Mai um 08.00 Uhr morgens startete ich zur ersten Etappe. Da die französischen Besatzungstruppen überall nach verstreuten deutschen Soldaten suchten, mußte ich einsame Feldwege und Waldstücke wählen, um nicht aufzufallen. Das Wetter war gottseidank phantastisch, die Sonne schien vom wolkenlosen Himmel und half mir, meine mißliche Lage und gedrückte Stimmung einigermaßen zu ertragen. Nach den ersten drei Stunden stellte ich fest, daß ich durch die dauernden Umwege erst sechs Kilometer geschafft hatte. Es war mühsam und anstrengend, so abseits der Straßen durch Felder und Wiesen zu laufen, aber ich hatte Angst, überhaupt einen Menschen zu treffen. Plötzlich stellte sich mir ein Hindernis in den Weg. Es war die Kinzig, ein Nebenflüßchen des Rheins, acht bis zehn Meter breit. Was sollte ich machen? Das Wasser überspringen, war unmöglich. Ich lief am Ufer entlang in der Hoffnung, eine Brücke oder wenigstens eine schmalere Stelle zu finden. Aber weder die eine noch die andere Erwartung stellten sich ein, als ich in der Ferne einsam einen Bauern sah, der auf seinem Felde arbeitete. Ich wagte es, mich ihm zu nähern und fragte ihn nach der nächsten Brücke. Er klärte mich auf: "Die Franzosen haben alle Brücken, auch die kleinen, mit bewaffneten Posten besetzt. Da gibt es kein Durchkommen. Hier sind schon viele Soldaten geschnappt und in Gefangenschaft verschleppt worden." Er riet mir, durch den Bach zu schwimmen. Ich folgte seinem Rat, zog mich aus, schmiß meine Schuhe, die Kleider, meinen Proviant und die Hacke über den Bach und schwamm durch das eiskalte Wasser. Am anderen Ufer zog ich mich wieder an und weiter gings in Richtung Norden. Bis 18.00 Uhr mußte ich irgendwo einen Unterschlupf finden, denn ab 19.00 Uhr war Sperrstunde und kein Deutscher durfte sich mehr auf der Straße sehen lassen. Nach einigen Verschnaufpausen - meine Marschleistung am ersten Tag war für einen Flieger sehr erstaunlich - erreichte ich gegen 17.00 Uhr die Ortschaft Appenweiler, vor der ich in gebührendem Abstand Halt machte, um die Lage zu beurteilen und wenn möglich mit einer Menschenseele ins Gespräche zu kommen. Ich stellte mich auf einen Acker, die Ortschaft im Auge, und begann mit meiner Hacke in gleichmäßigem Rhythmus die Erde zu bearbeiten. Nach kurzer Zeit näherte sich der Bauer und seine Frau, denen das Feld gehörte. "Was treiben Sie denn hier?" Sie kamen auf mich zu und fragten mich. "Ich bin Soldat und auf der Flucht nach Köln." Die Leute sahen mich ungläubig an. "Nach

DUKWS, die mit Munition für Panzer und Geschossen schweren Kalibers für Maschinenkanonen beladen sind, verlassen ein Landungsschiff und bereiten sich für den Angriff auf die Küste vor.

Ein Ausschnitt einer der Landeräume, in denen Lastensegler gelandet sind.

Truppen aus Lastenseglern, die inzwischen ihre Jeeps, Anhänger und übrige Ausrüstung aus den Lastenseglern entladen haben, gehen weiter auf ihr Angriffsziel vor.

Truppen aus Lastenseglern graben Feldbefestigungen in ihren Landezonen. Ein Lastensegler ist im Hintergrund zu erkennen.

Die Bedienungsmannschaft einer 40-mm-BOFORS-Kanone in Bereitschaft, die Entladephase von Landungsschiffen gegen feindliche Flugzeuge zu sichern.

Ein ausgeschalteter deutscher Bunker in einem der Strandabschnitte.

Truppen mit Fahrrädern und Kraftfahrzeugen auf dem Weg ins Landesinnere, nachdem die ersten deutschen Widerstände überwunden worden waren.

Eine Gesamtaufnahme vom Landesinneren aus auf eine der Landezonen. Es sind Panzer und Fahrzeuge zu erkennen, die sich auf die Front bei Arromanches zu bewegen. Im Hintergrund sind Schiffe und Landungsboote zu sehen.

Die Brücke von Remagen. Sie fiel den Amerikanern am 7. März 1945 unversehrt in die Hände und konnte erst nach ihrem Überschreiten des Rheins und der Bildung eines Brückenkopfes zerstört werden. Heribert Batz und ich warfen aus dem Tiefstflug unsere Bomben gegen den Mittelpfeiler der Brücke.

Das Bild zeigt an der Remagener Brücke den Detonationspilz und die Wasserfontäne meiner 500-kg-Bombe. Am Brückenpfeiler haben sich die Amerikaner schriftlich verewigt. Sie bedankten sich bei den Deutschen mit den Worten: „Trockenen Fußes über den Rhein – Dank für die Höflichkeit von der 9. Division".

Nach dem Abschuß eines amerikanischen Langstreckenbombers B 17 G Fortress (obiges Bild) über Germersheim konnte sich die Besatzung mit dem Fallschirm retten. Wir nehmen sie als Gefangene freundlich in Empfang und feierten im Kasino ihr Überleben bei einem Glas Sekt.

Technische Daten:	*4 Whrigt Cyclone GR-Sternmotore*	
	Höchstgeschwindigkeit:	*435 km/h*
	Reisegeschwindigkeit:	*350 km/h*
	Reichweite:	*3000 km*
	Fluggewicht:	*32 720 kg*

Ein englischer Nachtbomber vom Typ Lancaster wurde kurz nach Sonnenuntergang in der Nähe unseres Flugplatzes in Le Mans abgeschossen. Beim Versuch einer Notlandung fand die kanadische Besatzung den Tod. Unsere Rettung kam zu spät.

Technische Daten:	*4-Packard/Rolls-Royce-Merlin-Motoren je 1390 PS*	
	Höchstgeschwindigkeit:	*435 km/h*
	Reisegeschwindigkeit:	*350 km/h*
	Reichweite:	*3500 km*
	Fluggewicht:	*24000 kg*

Wolfgang Zebrowski mit seinem Kriegskameraden Heribert Batz in Würzburg, Februar 1983.

Köln? Wie wollen Sie das denn machen?" "Zu Fuß, ganz einfach zu Fuß, helfen Sie mir, daß ich in der Nacht irgendwie Unterschlupf finde". "Das ist gar nicht so einfach", meinten sie, "im Ort kontrolliert die französische Gendarmerie und wer deutsche Soldaten versteckt, hat mit der Todesstrafe zu rechnen, aber kommen Sie mal mit auf unseren Hof." Mir fiel ein Stein vom Herzen. Ich ging mit, als gehörte ich zu ihnen. Wir kamen unbehelligt in ihrer Küche an. Die Bäuerin machte mir einen frischen Kaffee. "Hoffentlich geht alles gut, im Dorf wohnt unser Lehrer, das ist ein netter und kluger Mann, der weiß sicher am besten, wie wir Sie, ohne Gefahr zu laufen, schützen können", versuchte der Bauer mir klarzumachen. Er schickte die Bäuerin los, um den Lehrer zu holen. Nach einer halben Stunde kamen die beiden an. Der Lehrer war ein älterer Herr, so um die 50, und machte einen sehr vertrauenerweckenden Eindruck. Ich erzählte ihm, woher ich kam, was ich erlebt hatte und wohin ich wollte. Er sprach über seine beiden Söhne, von denen er seit Monaten keine Nachricht mehr hatte. Er wollte mir helfen. "Kommen Sie mit. Sie können bei mir im Fremdenzimmer übernachten, da sind Sie sicher." Diese Worte des Schulmeisters machten mich glücklich. Ich ging mit ihm, der Weg war nicht weit. Seine Frau und zwei Töchter warteten schon auf uns. Sie sahen mich musternd von oben bis unten an. Meine äußere Aufmachung vermittelte ja auch nicht gerade den Eindruck eines Fliegeroffiziers. Ich hatte vollstes Verständnis für ihr Mißtrauen. Wir unterhielten uns sehr angeregt. Ich erzählte ihnen vom Kriege, von meinen Eltern und meiner Heimat und sie von ihren Söhnen, denen ihre ganze Sorge galt. Sie zeigten mir Bilder. "Vielleicht treffen Sie sie irgendwo in Deutschland, dann sagen Sie ihnen, daß wir leben und es uns gut geht." Ich ging ins Badezimmer, kühlte zuerst einmal meine geschwollenen Füße und stach mit einer Nadel die Blasen auf. Ich genoß das Waser und den Seifenschaum an meinem verschwitzten Körper wie noch nie in meinem Leben.

Und dann das Bett, es war wie in einer Wolke, so weich und so sanft, wie ich es fühlte, als ich noch in der Schwerelosigkeit am Himmel flog. Als ich am nächsten Morgen bei strahlendem Sonnenschein aufwachte und mich wieder in meine Wanderkluft geworfen hatte, mußte ich lachen, als ich mich im Spiegel sah. So konnte mich wirklich niemand erkennen, der mich von früher her kannte. Beim Frühstück konnten wir die Straße des Ortes beobachten. Es war wenig Betrieb. Man hatte einfach Angst vor der Besatzung. Plötzlich sahen wir, wie zwei Franzosen in Uniform um die Ecke bogen und sich in Richtung auf unser Haus bewegten. Der Lehrer packte mich am Arm. "Gehen Sie vorsichtshalber in Ihr Zimmer und verstecken sich dort." Ich tat es und setzte mich auf einen Stuhl am Fenster und wartete. Ich lauschte, ob sich etwas tat. Plötzlich hörte ich Stimmen im Haus, die mir fremd vorkamen. Ich hielt mein Ohr an die Tür. Der Schreck lähmte mich, als ich aus einer lebhaften Diskussion im unteren Stockwerk französisch gesprochene Wortbrocken vernahm. Ich sprang unters Bett und preßte mich an die hintere Wand. Die Überdecke hing fast bis zum Fußboden und bot mir Sichtschutz. Ich hörte Stiefelschritte über die Treppe näherkommen. Im Nebenzimmer ging die Tür auf. Tische und Stühle wurden beiseitgegerückt. "Jetzt ist alles aus", dachte ich. Die arme Familie, die so gut zu mir war und ich, den sie verprügeln und abschleppen in ein Gefangenenlager, ein furchtbarer Gedanke. Die Tür zu meinem Zimmer ging auf. Mein Herz stand fast still, das Atmen hatte ich eingestellt. Ich war wie tot. Die Schranktüren wurden aufgerissen, die Kleider durchwühlt, ein Stiefel trat gegen mein Bett, die Bettdecke wurde weggezerrt, ich sah einen Stock, der vor mir unterm

Bett hin- und herfuchtelte und nur Zentimeter vor meinem Körper, der so dünn wurde wie ein Stück Papier, herumstocherte. Ich verlor fast den Verstand, als das Wunder geschah. Die Burschen hatten sich nicht die Mühe gemacht, genauer unters Bett zu sehen. Sie vermuteten so eng an die Wand gekauert keinen Menschen. Sie redeten laut und verärgert auf den Lehrer ein, verließen das Zimmer und trampelten die Treppe wieder herunter. Ich wagte mich nicht zu bewegen. Das Warten machte mich verrückt. Kommen die Kerle wieder zurück oder ist alles überstanden? Diese Frage quälte mich. Ich wollte, wenn möglich, nur schnell weg, weit weg, das Haus verlassen und dahin, wo ich wieder frei atmen und mich verstecken, wo mich keiner finden und ich vor der Gefahr einfach weglaufen konnte. Endlich kam der Lehrer alleine ins Zimmer zurück, seine Stimme zitterte noch: "Sie können kommen, die Franzosen sind weg." Ich war kaum mehr in der Lage, mich zu bewegen. Ich verließ genauso zitternd wie die Stimme des Lehrers mein Gefängnis. Wir gingen nach unten. Seine Frau und Töchter standen dort wie versteinert und machten einen völlig verstörten Eindruck. Ich fiel allen um den Hals. "Was Sie getan haben, kann ich nie mehr gut machen. Mögen Ihre Söhne auch bald wiederkommen." Das waren meine letzten Worte, bevor ich durch den Hinterausgang des Hauses winkend verschwand. Die Sonne schien, die Luft war so würzig, ich genoß das Leben und die Freiheit, die ich fast verloren hätte, in vollen Zügen. Meine Hacke hatte ich über die Schulter gelegt und das Säckchen darangehängt. Den Weg hatte ich mir von der Karte, die ich bei dem Lehrer noch studiert hatte, eingeprägt. Nach zwei Stunden machte ich eine Pause und legte mich in den Schatten eines Baumes. Das Leben war einfach schön, wenn es nur nicht so gefährlich gewesen wäre. Ich hätte hier liegen bleiben können, bis der Abend anbricht und die Sonne untergeht. In der Ferne hörte ich plötzlich das Geräusch eines Flugzeuges. Es waren Töne, die mir noch sehr vertraut waren. Ich sprang auf, als die Maschine näherkam und auf mich zuflog. Es war eine Thunderbolt, wie sie mir aus dieser Perspektive noch nie begegnet war. Wehmütige Gedanken überkamen mich. Die Erinnerungen an die Vergangenheit verdrängten meine Sorgen. Ich beneidete den Kerl, der da so unbekümmert hinter seinem Steuerknüppel sitzen und die Freiheit des Fliegens genießen konnte. Der Unterschied zwischen uns war, daß er den Krieg gewonnen und ich ihn verloren hatte. "So ist das Schicksal", wurde mir nun deutlich klar, "einer sitzt auf dem richtigen und der andere auf dem falschen Dampfer". Mit diesen Gedanken verließ ich mein ruhiges und friedliches Plätzchen. Ab und zu sah ich Leute auf den Feldern, in der Entfernung waren sie mir allerdings lieber als in unmittelbarer Nähe. Man konnte ja nie wissen, an wen man gerät. Mein Etappenziel war Kuppenheim, eine Marschleistung mit Umwegen von rund 50 Kilometern. Es war kurz nach 17.00 Uhr, als vor mir der Kirchturm und die Häuser von Kuppenheim auftauchten. Nur noch ein kleines Stück und es war geschafft. Als der Ortsrand nur noch wenige hundert Meter entfernt war, begann ich das gleiche Spielchen wie am Vortage. Ich blieb auf einem Acker stehen und fing an, gleichmäßig aber ruhig zu hacken, als sich ein Bauer auf seinem Fahrrad näherte. Als ich ihn etwas verstohlen heranwinkte und dabei fleißig weiterhackte, brach mir die Hacke am Stiel ab. Verdammt, dachte ich, Deine schöne Hacke, nun hast Du nur noch einen Spazierstock. Der Bauer stieg von seinem Rad und kam auf mich zu. Ich gab ihm zu verstehen, daß ich deutscher Soldat bin und vor der Sperrstunde ein Übernachtungsquartier haben muß. Er nahm mich mit ins Dorf. Er machte sich nichts daraus, einen Landser verbotenerweise mitzunehmen und unterzubringen.

Er war ein netter Kerl, zu dem ich schnell Zutrauen hatte. Wir unterhielten uns sehr angeregt, besonders aber über die schlimme Zeit der Besatzung durch die Franzosen. Er erzählte mir, daß im Ort jetzt wieder Ruhe eingekehrt ist und alles seinen geordneten Gang nimmt. "Eine kleine Kommandantur in der Schule regelt den Ablauf des Lebens und ist verantwortlich für die Aufrechterhaltung der Ordnung. Chef ist ein Lehrer, der als Elsässer während des ganzen Krieges hier Unterricht gegeben und eine deutsche Frau geheiratet hat. Nach dem Einmarsch der Franzosen ist er durch die Wiedereingliederung von Elsaß-Lothringen selbst wieder Franzose geworden, in französischer Uniform eingekleidet und als Kommandant eingesetzt worden. Dadurch ist das Verhältnis natürlich ganz phantastisch", versicherte mir der Bauer. Wir hatten gerade sein Haus betreten, als uns seine Frau begrüßte. In diesem Augenblick klopfte es mehrmals an die Tür. Der Bauer öffnete vorsichtig, als draußen ein Mann stand, der einen merkwürdigen Eindruck machte. Ein kleiner Kerl, nicht größer als 1,60 m, er hatte ein rußverschmiertes Gesicht, einen schäbigen schwarzen Anzug, eine lange Drahtbürste in der Hand und einen zerbeulten Zylinder auf dem Kopf. Dadurch wirkte er größer als er war. Er machte den Eindruck eines Schornsteinfegers. Seine ersten Worte waren: "Ich bin deutscher Landser und aus Gefangenschaft ausgebrochen. Seit zwei Wochen bin ich schon unterwegs, darf ich eintreten?" "Mann", dachte ich, "jetzt hast Du vielleicht einen, der mit Dir zusammen weiterläuft." Wir stellten uns vor, Karl Liebermann war sein Name, Infanterieunteroffizier, 42 Jahre alt, und zu Hause war er in Leverkusen. Das paßte ja prima, er konnte mein Begleiter werden. Er war genauso froh wie ich, nun nicht mehr allein zu sein. Er hatte sich aus dem amerikanischen Gefangenenlager in Donauwörth abgesetzt, man sah ihm an, daß schwere Strapazen hinter ihm lagen. Sein Gesicht war ziemlich abgemergelt, seine Augen waren aber noch hellwach. Sein rheinischer Dialekt erinnerte mich an die Heimat. Wir saßen zu viert in der Küche und unterhielten uns sehr angeregt, im Mittelpunkt natürlich unsere Fluchterlebnisse. Es war äußerst familiär und gemütlich. Die Bauersfrau bereitete ein Abendessen zu. Eine alte Flasche Wein, die den Krieg überstanden hatte, sorgte dafür, daß es ein fröhlicher und lockerer Abend wurde. Man vergaß, daß das Leben so traurig war. Es wurde spät, bis wir zur Ruhe kamen. Für Karl und mich hatten unsere Wirtsleute ihr Schlafzimmer angeboten. Wir wehrten uns mit Händen und Füßen, das Angebot anzunehmen. Der Bauer blieb aber hart: "Schlaft Euch mal richtig aus, morgen habt Ihr wieder einen anstrengenden Tag", mit diesen Worten packte er mich am Arm und führte uns nach oben. Auf dem Stuhl lagen zwei Schlafanzüge, sie waren zwar etwas groß, denn der Bauer war ein stattlicher Mann. Für Karl hätte die Jacke als Nachthemd gereicht. Wir schliefen wie die Murmeltiere, bis die Morgensonne uns weckte. Die Hähne krähten, Pferde wieherten und ein Hund bellte. Es war idyllisch, wir wollten gar nicht aufstehen. Die Bäuerin klopfte an die Tür. Wir rekelten uns, streckten unsere müden Glieder aus, sprangen aus den Betten und freuten uns. Ach, war das ein herrlicher Tagesbeginn. Wir wuschen uns und legten unsere "Kostüme" an, Karl seinen schwarzen Anzug und ich den vergammelten Drillich. Wir sahen aus, wie Pat und Patachon. Am Frühstückstisch sah mich der Bauer noch einmal musternd an: "Jungens", sagte er, "mir ist noch ein Gedanke gekommen. In der Schule wohnt doch unser Kommandant, der Lehrer aus dem Elsaß. Versucht es doch mal, ob Ihr nicht irgend ein Ausweispapier für Kontrollen bekommen könnt, vielleicht so eine Art Entlassungspapier." Wir sahen uns ganz verwundert an. "Nee, nee", sagte ich, "das ist mir viel zu gefährlich, die behalten uns doch gleich da und schieben uns ab ins Gefangenenlager." Wir drückten dem Bauern und seiner Frau noch einmal fest die Hand, bedankten uns herzlich und verließen das Haus. Karl und mir gingen die Worte des Bauern immer wieder durch den Kopf. Wir sprachen über nichts anderes. "Vielleicht sollte man es doch probieren. Wenn es klappt, brauchen wir nicht mehr so viel Angst zu haben", meinte er.

Der Entlassungsschein

Wir nahmen Kurs auf die Schule, an einem Mast hing die Trikolore. Aha, dachten wir, das ist also die Kommandantur. Wir betrachteten das alte Mauerwerk und entschlossen uns, hineinzugehen. Ein großer Flur, gespenstische Stille, weit und breit nichts zu hören. Wir öffneten einige Türen, dahinter war aber alles leer, nichts als unbenutzte Klassenzimmer. Plötzlich stand eine junge Frau vor uns, sie sah ausgesprochen hübsch aus und machte einen sympatischen Eindruck. Sie fragte uns sehr verbindlich, was wir wollten. Karl und ich sahen uns an. "Entschuldigen Sie", stammelte ich aufgeregt, "sind Sie die Frau des Kommandanten?" "Ja", erwiderte sie, "das bin ich, kann ich Ihnen helfen?" "Donnerwetter", dachte ich, die will uns wirklich helfen. Ich erzählte ihr, wer wir waren und was wir wollten: Ein Stück Papier, das uns ausweist. Sie nahm uns mit in ein Klassenzimmer, das als Büroraum eingerichtet war. Sie setzte sich an einen Schreibtisch, nahm zwei Zettel Papier mit französischem Emblem und legte einen davon in die Schreibmaschine ein. Sie fragte nach meinem Namen, nach meinem Wohnort und tippte auf die Tasten, zog das Papier heraus, stempelte es ab, unterschrieb und übergab es mir. Ich hielt das Papier in der Hand und versuchte, zu übersetzen. Französisch konnte ich ja von der Schule her und aus meiner Zeit in Frankreich.

I. Armee Française
Gouvernement Militaire

Par ordre du commandant Militaire Kehl-Offenburg dont j'ai recu delegation officiale

j'autorise Wolfgang Z e b r o w s k i
a se rendre a' Köln / a' Rhin pour rentrer chez lui

Le delegue du Gouvernement
Militaire

Valable, le
10.5.45 Stempel Unterschrift

Auch Karl bekam das gleiche Dokument. Jetzt konnte ich mich nicht mehr beherrschen. Ich drückte der jungen Frau fest die Hand, nahm sie in den Arm und gab ihr einen Kuß. Mann, war ich glücklich! Wir liefen raus auf die Straße und sahen uns fassungslos an. Wir waren stolz über unseren Mut. Mit dem Ausweis in der Hand erschien die Welt doppelt so schön. Die Zeit verging im Fluge und die Kilometer wurden im Geiste abgestrichen. Gegen Mittag verspürten wir Hunger und hatten Appetit auf ein schönes warmes Essen, aber wie sollten wir da drankommen? Vor uns lag eine kleine Ortschaft, es standen nur wenige Bauernhöfe im Schatten einer kleinen Kapelle. Wir gingen in das Dorf und sahen keine Menschenseele. Es war wie ausgestorben. Wir blieben vor dem ersten Bauernhof stehen und trauten unseren Nasen nicht: der Wind trug einen herrlichen Geruch von gekochtem Sauerkraut heran. Ein Hund bellte, eine Scheunentür öffnete sich und eine ältere Frau, die wohl durch das Hundegebell alarmiert worden war, sah sich nach allen Seiten um. Als sie uns erblickte, hielt sie inne und starrte uns völlig entgeistert an. Wir traten etwas näher, sie kam auf uns zu. Nach beiderseitigem "Grüß Gott" stellten wir uns vor. Sie forderte uns sehr freundlich auf, ins Haus mitzukommmen. Wir folgten ihr. In einer großen Küche sprangen einige Katzen aufgeregt hin und her. Am Herd kochte eine junge Frau. In der Ecke am Fenster saß der alte Opa und rauchte genüßlich seine Pfeife. Die Begrüßung war herzlich. Der Krieg hatte auch hier seine menschlichen Spuren hinterlassen. Zwei Söhne der Familie waren vermißt. Wir wurden mit Fragen überschüttet. Die Leute hatten nur wenig vom Krieg mitbekommen und wollten wissen, was draußen in Deutschland los ist. Wir erzählten ihnen von der Kapitulation und von der Ratlosigkeit der Menschen. Wir wollten ihnen aber auch Hoffnung machen, daß sie sich nicht sorgen sollen um ihre Söhne. Eines Tages werden sie sicher genauso vor der Tür stehen wie wir. So trösteten wir uns gegenseitig und über diesen Worten öffneten sich für Karl und mich die duftenden Kochtöpfe. Wir durften uns wieder einmal richtig satt essen. Die Gastlichkeit dieser Bauernfamilie war äußerst wohltuend, aber trotzdem mußte es weitergehen. Draußen schien immer noch die Sonne vom blauen Himmel und unsere Gesichter waren während der Wanderung dunkelbraun gebrannt. Inzwischen waren wir ziemlich sorglos geworden. Das Gefühl, einen Ausweis bei sich zu haben, und die Gemeinsamkeit des Wanderns nahm uns viel von der anfänglichen Angst. Wir wagten uns sogar auf Straßen, die unsere Beine nicht so müde machten wie die Feldwege. Ab und zu begegneten uns einige Pferdefuhrwerke, mit denen die Bauern zur Arbeit auf ihre Felder fuhren. "Karl", sagte ich, "was hältst Du davon, wenn wir mal einen anhalten und uns ein Stück mitnehmen lassen?" Karl zögerte zunächst etwas mit einer Antwort, doch dann nickte er zustimmend und meite: "Das ist ein guter Gedanke, wir können es ja mal probieren, mehr als ablehnen ist nicht drin und passieren kann dabei eigentlich auch nichts." Wir liefen und dösten dabei so vor uns hin, als nach einer Weile das Geklapper von Pferdehufen hörbar wurde. Wir drehten uns um, tatsächlich, ein alter Gaul vor einem Heuwagen trabte auf uns zu. "Den halten wir an", sagte ich zu Karl, und stieß ihn ermunternd an. Wir gingen zur Seite, blieben am Straßenrand stehen und winkten dem Fuhrwerk zu. Der Bauer sah uns, zog kräftig an seinem Ledergeschirr, das Pferd stutzte, stemmte sich mit aller Kraft gegen den Schwung des Wagens hinter der Deichsel und stand. Der Bauer beugte sich zu uns runter und fragte: "Was wollt Ihr, Jungens?" Ich stubste Karl an und ließ ihm den Vortritt zu antworten. "Wir sind Soldaten und schlagen uns nach Hause durch, wir wollen nach Köln." Der Bauer sah uns ungläubig an, Köln schien ihm kein Begriff zu sein. Ich ergänzte Karls Worte. "Wissen Sie, Köln liegt 300 km nördlich von hier." Jetzt schien er zu begreifen. Er rückte auf seiner Bank zur Seite und meinte: "Kommt rauf und setzt Euch, ich nehme Euch ein Stück mit bis zum nächsten Dorf, wo ich wohne." Wir kletterten auf sein Fuhrwerk und nahmen Platz. Mit einem Peitschenhieb auf den Hintern setzte sich der Gaul in Trab und zog keuchend den Karren wieder an. Was war das angenehm, vorwärtszukommen, ohne zu laufen. Eine leichte Brise trocknete unsere verschwitzten Klamotten. Der Bauer wurde sehr aufgeschlossen. Fragen und Antworten wechselten sich ab. Uns interessierte natürlich die Lage. Unsere Fragen drehten sich immer wieder darum, wie sind die Chancen durchzukommen, wie verhalten sich die Franzosen, wo haben sie Kommandanturen und Kasernen und wo ist es gefährlich, welche Stellen muß man meiden, um nicht erwischt zu werden. Unser Fuhrmann wußte ganz gut Bescheid. Außer uns waren ja noch mehr Menschen auf der Wanderschaft, die ihre Erlebnisse weitererzählten. So hatte auch unser Bauer schon einiges gehört, was er uns mit auf dem Weg geben konnte. Wir waren sicher, daß auch das, was wir zu berichten wußten, durch Weitergabe anderen helfen könnte. Wir bedankten uns jedenfalls sehr herzlich und verabschiedeten uns nach der schönen Fahrt. Wir hatten eigentlich gar keine Lust mehr zu laufen und ließen es recht langsam wieder angehen. Es waren noch drei Stunden Zeit bis zur Sperrstunde. Vor uns lag Karlsruhe. Die Stadt wollten wir noch durchqueren und dann irgendwo auf dem Land einen Unterschlupf finden. Als wir die ersten Wohnbezirke von Karlsruhe erreichten, überkam es uns mit Schrecken. "Karlsruhe, Du schöne Stadt, was ist aus Dir geworden?" Trümmer, Ruinen und Bombentrichter, Steinhaufen und Mauerreste statt Häuser, so sah also eine Großstadt aus. Der Wind blies uns nichts als Staub ins Gesicht. Kleine Grüppchen, meist ältere Leute oder Frauen, waren damit beschäftigt, Steine hin- und herzuschleppen. Sie blickten kaum auf und waren sehr schweigsam. Französische Militärfahrzeuge fuhren vereinzelt an uns vorbei und wirbelten zusätzlich Dreck durch die Luft. "Mensch", dachte ich, "hier müssen wir möglichst schnell durch." Es war nicht nur deprimierend, sondern auch gefährlich. Ein französischer Lastwagen fuhr an uns vorbei, die Rampe war vollgepfercht mit deutschen Kriegsgefangenen. Wir wagten kaum aufzusehen, um nicht in Verdacht zu geraten, dazuzugehören. Einige Landser in ihrer jämmerlich aussehenden Uniform winkten vom Auto und riefen uns etwas zu. Wir konnten es aber nicht verstehen. "Donnerwetter", dachte ich, "wenn die uns an der Nasenspitze ansehen, daß wir trotz unserer Verkleidung Soldaten sind, warum sollen die Franzosen das nicht auch erkennen?" Wir legten einen Schritt zu, verließen die Hauptstraße, um die Innenstadt zu umgehen, und erreichten bald wieder freies Land. In der Ortschaft Graben machten wir Halt und fanden eine Übernachtungsmöglichkeit. Bei den Wirtsleuten sparten wir nicht mit Fragen: "Wie weit ist es noch bis zur amerikanischen Besatzungszone, kommt man unbehelligt über die Grenze und wo", das interessierte uns am brennendsten. Wir merkten, daß auch hier wieder die Leute gut informiert waren, vor allem von den Grenzgängern von einer in die andere Zone. “Zum Amerikaner ist es nicht mehr weit von hier, ungefähr 10 km hinter Walldorf. In Ketsch sind jedenfalls schon die Amis”, erfuhren wir. “In den Städten wie Walldorf sollen strenge Kontrollen durch die Franzosen sein, am besten, Ihr versucht es da durch die Wälder”, ergänzten sie. Pünktlich um 08.00 Uhr starteten wir wieder. Es war kaum eine halbe Stunde vergangen, als neben uns ein junges Mädchen, das einen Kinderwagen vor sich herschob, auftauchte. Sie war ziemlich abgerissen, machte einen erschöpften Eindruck und begann, uns ihr Herz auszuschütten. Sie hieß Hannelore, war 18 Jahre alt und als Krankenschwester aus Freudenstadt vor den Franzosen geflohen, um nach Frankfurt zu ihren Eltern zu trampen. Seit fünf Tagen war sie unterwegs. In dem Kinderwagen hatte sie ihre Habseligkeiten verstaut. Weinend erzählte sie uns, daß man sie vergewaltigt hatte und flehte uns an, sie doch mitzunehmen und über die Grenze zu schleusen. “Du brauchst nicht traurig sein”, sagte ich, “wir schaffen das schon.” Mit einem zaghaften Lächeln auf den Lippen kullerten ihr die letzten Tränen über die Wangen. Ich versuchte, sie zu trösten. “Komm, Hannelore, ich schiebe Deinen Kinderwagen und Du läufst neben uns her.” Nun waren wir zu dritt. “Mann”, dachte ich, “wenn die Franzosen Dich mit dem Kinderwagen sehen, bis Du dran.” Es ging aber alles glatt. Weit und breit keine Menschenseele. Es konnte nicht mehr weit bis zur Grenze sein. Die Straße hatten wir schon lange verlassen und uns wieder an abgelegene Feldwege gehalten. Rechts vor uns tauchte der Kirchturm von Walldorf auf. Wir legten eine kurze Rast ein und besprachen den Schlachtplan für den Grenzübertritt. Links vor uns erkannte ich ein Waldstück. “Daran müssen wir uns halten und im Schutz der Bäume bis zum Ami vorstoßen”, schlug ich vor. Zu Hannelore gewandt, sagte ich: “Wenn jemand auftaucht, übernimmst Du wieder den Kinderwagen.” Wir waren alle drei ziemlich aufgeregt. Es ging sehr zügig bis zu dem Waldstück voran. Wir nutzten eine Schneise zwischen den Bäumen, die uns gute Deckung bot. Als der Wald zu Ende war, lag vor uns eine große Wiese und dahinter ein kleines Dörfchen. "Wißt Ihr was", sagte ich zu Karl und Hannelore, "es ist besser, wenn wir durch das Dorf gehen und nicht über die freien Felder. Das ist zu gefährlich, da machen wir uns nur verdächtig. Wenn im Dorf wirklich ein Posten stehen sollte, können wir ihn unter den Leuten, die da wohnen, bestimmt gefahrloser umgehen.

Notfalls haben wir ja auch noch unsere französischen Ausweise, die wir vorzeigen können." Vorsichtshalber drückte ich Hannelore jetzt wieder den Kinderwagen in die Hand. Wir gingen zügig weiter, kamen unbelästigt ins Dorf. Eine alte Frau kam uns entgegen. "Entschuldigen Sie bitte, wir wollen rüber zum Amerikaner, können Sie uns sagen, ob hier Kontrollen sind?" fragte ich. "Oh ja", sagte die Alte, "seid aber bloß vorsichtig. Am Ortsausgang steht immer ein Neger, der jeden kontrolliert. Hier sind schon viele festgenommen worden." Was meinen Sie, sollen wir machen?" fragte ich weiter. Die Alte trat etwas weiter vor und zeigte mit ihrer Hand auf die Dorfstraße. "Ihr geht bis zur Kirche, kurz dahinter biegt links ein Weg ab, den geht Ihr lang bis zum Gemeindehaus, rechts an vier Bauernhöfen vorbei, und dann müßt Ihr aufpassen, ob Ihr den Neger seht. Ab und zu geht er auch ins Dorf rein, den Augenblick müßt Ihr nutzen, um abzuhauen." Mit diesem Rat machten wir uns auf den Weg und paßten auf wie die Luchse. Als wir am letzten Bauernhof angekommen waren, blieben wir in Deckung stehen und sahen uns nach allen Seiten um. Ich stieß Karl in die Rippen: "Sieh mal, da steht der Neger." Es war ein baumlanger Kerl, die Flinte auf dem Rücken, den Poilu-Helm auf dem Kopf und goldene Ringe an den Ohren.

Der Bursche sah gefährlich aus. Er ging ziemlich gelangweilt auf und ab. Es war ja auch nichts los. Nach einer Weile sahen wir ihn verschwinden. Wir faßten uns ein Herz. Hannelore schnappte ihren Kinderwagen und dann ging es ziemlich eilig ab. Richtung Norden. Ein verstohlener Blick nach hinten, gottseidank war der Neger nicht mehr zu sehen. "Ob wir es jetzt wohl geschafft haben?" fragte ich die beiden. Sie lachten. Es war wie zwischen zwei Fronten im Niemandsland, ruhig, aber aufregend. Es dauerte lange, bis wir wieder einen Menißt Ihr", sagte sie, "ich bleibe hier in dem Ort und suche mir alleine ein Quartier. Ich muß mich einfach mal ausruhen und schlafen. Es ist ja nicht mehr so weit für mich nach Frankfurt und die Amis tun mir bestimmt nichts an." Karl und ich hatten für ihren Entschluß Verständnis, versuchten ihr aber klarzumachen, daß wir beide noch ein Stück weiterlaufen wollten. Wir verabschiedeten uns herzlich voneinander und wünschten uns alles Gute.

Karl und ich marschierten alleine weiter. Es ging über Mannheim bis nach Waldhof, als die Sonne schon langsam unterging. Wir fanden schnell wieder ein gastfreundlches Quartier, wo wir übernachten, essen und uns ausruhen konnten. Es war der 13. Mai, meine 5. Etappe, zu der wir gemeinsam und frohen Mutes starteten. Wir nahmen den kürzesten Weg, die Hauptstraße, die nach Lambertsheim ausgeschildert war. Es herrschte hier im Gegensatz zur französischen Zone ausgesprochen reger Betrieb. Amerikanische Laster und Jeeps überholten und kamen uns entgegen. Sogar deutsche Autos wagten sich schon wieder auf die Straße. Nach einer Stunde machten wir halt und setzten uns an die Böschung. Eine amerikanische Sattelschlepper-Kolonne kam staubend angebraust. Es waren ausschließlich Neger, die diese Kolosse fuhren. Wir trauten unseren Augen nicht, einer schmiß uns eine Schachtel Zigaretten vor die Füße. Es waren die ersten

Ami-Zigaretten, die ich in meinem Leben sah. Ich zündete mir eine an, sie schmeckte mir ausgezeichnet. Wir blieben noch eine Weile sitzen und beobachteten das Treiben auf der Straße. Von rechts näherten sich drei junge Burschen. "Karl", sagte ich, "schau mal, die sehen aus wie wir, das sind bestimmt auch Landser." "Hei", rief ich sie an, "seid Ihr Soldaten?" Sie blieben stehen und stutzten. Bevor sie den Mund aufmachten, beruhigte ich sie: "Ihr braucht keine Angst zu haben, wir sind auch welche." Sie lachten. Dann fingen sie an zu erzählen. Die drei waren aus einem Sammellager im Ruhrgebiet für den Abtransport in amerikanische Gefangenschaft ausgebrochen und hatten sich durchgeschlagen. "Wenn Ihr weiter nach oben kommt", meinte der eine von ihnen, "trefft Ihr bestimmt noch weitere Gestalten, die auf der Flucht sind. Die Amis interessieren sich aber nicht für uns. Für sie ist der Krieg zu Ende und damit basta." Die Burschen fragten natürlich, was wir erlebt hatten, wie es da unten ist, wo wir herkamen und sie hinwollten. Wir erzählten ihnen von den Gefahren in der französischen Zone, aber auch von der phantastischen Gastfreundlichkeit und Hilfsbereitschaft der Badenser. Dann trennten wir uns, sie nach Süden und wir nach Norden. Nach zwei Tagen tauchte Frankfurt am Horizont auf. Ohne große Umwege in Kauf zu nehmen, konnten wir die Stadt nicht umgehen. Schon in den Außenbezirken erkannten wir, wie furchtbar der Krieg hier gewütet hatte. Fast alles lag in Schutt und Asche. Die Amerikaner beherrschten das Straßenbild. Vor einem noch unzerstörten Haus stießen wir auf einen Posten mit MP-Helm, der auf einem bequemen Polstersessel saß und sein Gewehr neben sich abgelegt hatte. Ein Anblick, der uns nicht nur belustigte, sondern auch unser militärisches Gefühl herausforderte. War das ein Spaßvogel oder das Erscheinungsbild von Soldaten nach einem gewonnen Krieg? Jedenfalls beachtete er uns nicht, als wir auf der anderen Straßenseite vorbeischlenderten. Zwei Frauen rumpelten mit ihrem Leiterwagen über das von Geschossen und Bomben zerlöcherte Pflaster. Ihr Karren war mit Stühlen und einem Tisch beladen, Möbelstücke, die sie aus einer verlassenen Kneipe organisiert hatten. Vorbei ging es an Häusern, die bis auf die Grundmauern ausgebrannt waren. An Gebäuden, die noch wohnbar schienen, hingen Schilder "Out off bounds". Was sollte das bloß heißen? Wir versuchten eine Haustür zu öffnen, um Antwort zu finden. Wir standen im Marmorflur eines alten Hauses im Jugendstil. Atemlose Stille rings um uns. Die Wohnungstür rechts stand auf und wir konnten hineinblicken. Unvorstellbar! Bis zur Decke war das Zimmer vollgestopft mit Möbeln, Gardinen, Paketen, Wäsche, abgerolltem Toilettenpapier, Kleidungsstücken, Töpfen und Tellern. Die deutschen Bewohner konnten das ja wohl nicht gemacht haben. Aber wer wohl? Auf unser lautes Rufen rührte sich nichts im Haus. Wir traten aus dem Ort wilder Zerstörungswut wieder ins leuchtende Frühlingswetter, das in einem so wohltuenden Gegensatz stand zu allem, was wir hier sahen. Da, eine lange Menschenschlange vor einem Fleischerladen. "Was gibt es hier zu kaufen?", fragten wir. "Wurstbrühe", war die Antwort. "Ja, und die Wurst?" Davon wird nichts verkauft!" "Wovon lebt Ihr denn?" "Es gibt Brot - auch dafür stehen wir an. Außerdem können wir bei den Bauern auf dem Feld arbeiten und bekommen als Gegenleistung abends 10 Pfund Kartoffeln. Manchmal finden wir auch in Häusern, die der Ami wieder geräumt hat, noch Lebensmittelabfälle, die zu verwerten sind." "Und was ist das mit den verwüsteten Wohnungen "Out off bounds?" fragten wir. "Diese Wohnungen waren von den amerikanischen Kampftruppen beschlagnahmt, die sie beim Verlassen teilweise schrecklich zugerichtet haben." So, nun wußten wir auch Antwort auf diese Frage. Die Lage in der Stadt war elend und nicht zu vergleichen mit unseren Eindrücken bei der ländlichen Bevölkerung. Es gab keine Lebensmittelkarten und so war die Versorgung fast nur noch über den Schwarzmarkt möglich. Der Weg führte uns an einigen leicht beschädigten Reihenhäusern vorbei, deren Haustüren aufstanden, und die völlig ausgeplündert waren. Karl meinte: “Hier können wir doch wohl eine Ecke finden für unser Nachtlager.” So war es dann auch. Aufgeschnittene Matrazenteile türmten sich in einem Zimmer. Wir breiteten sie aus und verbrachten die bisher unbequmeste Nacht unserer Flucht. Aber das war nicht das Schlimmste. Am nächsten Morgen fanden wir uns zerstochen und zerbissen wieder! Ausgehungerte Filzläuse und Flöhe waren über uns hergefallen, quälten uns und blieben uns die nächsten Tage treu. Je näher die Heimat kam, umso schneller wurden unsere Beine und länger die täglichen Etappen. Über Bad Soden, Königstein, Camberg, Montabaur und Altenkirchen im Westerwald erreichten wir nach fünf Tagen Uckerath. Es ging alles reibungslos, wenn auch die Gastfreundschaft nicht mehr so herzlich war wie anfangs. Das lag aber wahrscheinlich daran, daß inzwischen zu viele Menschen auf der Flucht waren und Hilfe brauchten. Wir schliefen nur noch unter freiem Himmel oder wenn wir Glück hatten, in Scheunen. Als wir am 19. Mai morgens zur letzten Etappe aufbrachen, schlug mein Herz vor Freude und Aufregung, aber auch vor Ungewißheit. Fragen begannen mich zu plagen: Leben die Eltern überhaupt noch, seit über zwei Monaten hatte ich ja kein Lebenszeichen mehr von ihnen, steht unser Haus oder ist es ausgebombt, triffst Du alte Jugendfreunde wieder, die sich vielleicht auch von irgendwo durchgeschlagen haben. Die Anspannung war inzwischen kaum noch zu ertragen. In diesem Augenblick stoppte ein Jeep neben uns. Zwei MP-Posten sprangen heraus. “Your pass, please.” Sie musterten uns äußerst mißtrauisch, während wir nervös unsere Ausweise aus der Tasche zogen. Sie studierten lange den Text, konnten aber offensichtlich nichts damit anfangen. Ich mußte ihnen den Text ins Englische übersetzen und sie glaubten mir sogar. Der Stempel schien sie zu überzeugen. Mit einem "OK" wurden wir entlassen. Als wir die Aggerbrücke zwischen Siegburg und Troisdorf überschritten und ich den ersten Fuß auf den Boden meines Heimatortes setzte, riß ich vor Freude die Arme hoch. Bis zu meinem Elternhaus waren es keine 1000 Meter mehr. Karl verabschiedete sich von mir, er wollte unbedingt noch bis abends zu Hause in Leverkusen bei seiner Frau sein. Ich rannte durch die altbekannten Straßen. Von weitem sah ich unser Haus. Es stand noch. Ich klingelte an der Eingangstür. Meine Mutter öffnete, erschrak und stutzte. Erst als ich sie ansprach, erkannte sie mich, den zerlumpten Heimkehrer. Jetzt war der Krieg für mich aus.